KB045095

그래서, 베트남

그래서, 베트남

느리게 소박하게 소도시 탐독

초판 1쇄 발행 2022년 10월 31일

지은이. 소율
펴낸이. 김태영

씽크스마트 미디어 그룹
서울특별시 마포구 토정로 222
한국출판콘텐츠센터 401호
전화. 02-323-5609

블로그. blog.naver.com/ts0651
페이스북. @official.thinksmart
인스타그램. @thinksmart.official
이메일. thinksmart@kakao.com

ISBN 978-89-6529-222-7 (03910)
ⓒ 2022 소율

- 씽크스마트-더 큰 세상으로 통하는 길
'더 큰 생각으로 통하는 길' 위에서 삶의 지혜를 모아 '인문교양, 자기계발, 자녀교육, 어린이 교양·학습, 정치사회, 취미생활' 등 다양한 분야의 도서를 출간합니다. 바람직한 교육관을 세우고 나다움의 힘을 기르며, 세상에서 소외된 부분을 바라봅니다. 첫 원고부터 책의 완성까지 늘 시대를 읽는 기획으로 책을 만들어, 넓고 깊은 생각으로 세상을 살아갈 수 있는 힘을 드리고자 합니다.

- 도서출판 사이다-사람과 사람을 이어주는 다리
사이다는 '사람과 사람을 이어주는 다리'의 줄임말로, 서로가 서로의 삶을 채워주고, 세워주는 세상을 만드는데 기여하고자 하는 씽크스마트의 임프린트입니다.

느리게 소박하게 소도시 탐독

그래서, 베트남

소율 지음

1 하이퐁(Hải Phòng)

깟비 국제공항(Sân Bay Quốc Tế): 하이퐁의 국제공항. 국내선과 국제선이 취항한다
벤빈 선착장(Bến tàu Bến Bính): 깟바 섬까지 보트 운행

2 깟바 섬(đảo Cát Bà)

깟꼬 해변(Bãi tắm Cát Cò): 산책로가 있는 독립된 3개의 해변
대포 요새(Cannon Fort): 란하베이 풍경을 감상하는 전망대
란하베이(Lan Ha Bay): 깟바 섬 동쪽을 이루는 카르스트 지형

3 닌빈(Ninh Bình)

짱안(Tràng An): 강을 따라 이루어진 석회암 바위산과 동굴지대
항무아(Hang Mua): 땀꼭 인근의 석회암 동굴로 전망대가 있다
빅동(Bích Động): 3개의 사원이 있는 석회암 동굴
꾹푸엉 국립공원(Cúc Phương National Park): 베트남 최초의 국립공원

4 빈(Vinh)

빈 기차역(Ga Vinh): 하노이와 호찌민을 왕복하는 열차가 정차하는 역

5 동허이(Đồng Hới)

풍나께방 국립공원 동굴지대(Phong Nha-Kẻ Bàng National Park): 거대한 동굴들이 있는, 아시아에서 가장 오래된 카르스트 지형

6 다낭(Đà Nẵng)

미케 해변(Bãi biển Mỹ Khê): 시내와 가까운 모래 해변
한 시장(Chợ Hàn): 한 강(Han River)변에 있는 재래시장
참 박물관(Chăm Museum): 콜로니얼 양식의 참파 유적 박물관
마블 마운틴(Marble Mountain) :석회암으로 이루어진 5개의 산

7 달랏(Đà Lạt)

쑤언흐엉 호수(Hồ Xuân Hương): 달랏 중심부에 자리한 초승달 모양의 인공 호수
항응아 크레이지 하우스(Hằng Nga Crazy House): 콘크리트로 만든 갤러리를 겸한 호텔
자수 박물관(XQ Sử Quán Đà Lạt): 최고급의 베트남 전통 자수 작품들을 전시한다
쭉럼 선원(Thiền viện Trúc Lâm): 케이블카 내리는 지점에 위치한 베트남 최대의 선원
랑비양 산(Đỉnh Langbiang): 달랏 일대에서 가장 높은 산

8 호찌민(Hồ Chí Minh City)

전쟁 박물관(War Remnants Museum): 베트남 전쟁에 관한 역사적인 기록을 전시하고 있다
통일궁(Reunification Palace): 본관 4층과 지하 벙커로 이루어진 대통령 관저
인민위원회 청사(Hồ Chí Minh City People's Committee Head Office): 콜로니얼 양식의 호찌민시 시청
벤탄 시장(Chợ Bến Thành): 호찌민시를 대표하는 100년 된 재래시장

9 빈롱(Vĩnh Long)

까이베 수상시장(Chợ nổi Cái Bè): 빈롱의 수상시장
안 빈 섬(An Bình): 빈롱에서 가장 가까운 섬

10 껀터(Cần Thơ)

까이랑 수상시장(Chợ nổi Cái Răng): 메콩 델타 일대에서 가장 큰 수상시장

RECOMMENDATION

추천사

베트남 본연의 모습을 즐기고 싶은 당신에게,
《그래서, 베트남》

안녕하십니까, 저는 주한 베트남 관광청에서 대표부를
담당하고 있는 리 쓰엉 깐 관광대사입니다.
출간을 축하하는 글을 보내드리게 됨을 뜻깊게
생각합니다.

한국과 베트남은 역사적으로 관계가 깊은 나라입니다.
그 인연을 부단히 소개해오는 동안, 언젠가 양국
국민이 정서적으로 서로를 이해할 수 있는 폭이
넓어지리라 확신했습니다. 이러한 제 믿음에 걸맞게,
오늘날 양국의 관계는 어디서부터 이야기해야 할지
모를 정도로 빠르게 발전해왔습니다.

특히 해외여행 부분에 있어서 한국에서의 베트남에
대한 인기는 매우 뜨겁습니다. 이러한 시점에서
《그래서, 베트남》은 적절한 시기에 발간되었다고
생각합니다. 이 책은 아직 세상에 드러나지 않아
신선한 베트남의 소도시 구석구석을 조심스럽게
접근하여 묘사하고 있습니다. 저는 이 책을 보면서,
여기에 나온 소도시들이야말로 베트남 본연의 모습을
지니고 있다고 생각했습니다. 베트남에 살고 있는
이들만 알고 있기에는 아까운 모습들임에 분명합니다.
다만 《그래서, 베트남》을 통해 이제 더 많은 사람들이
진짜 베트남을 알게 될 테니, 조금 시원섭섭한

기분이 들기도 합니다. 그만큼 이 책에 실린 베트남의
풍광들은 다양한 특성을 지닌 한국의 여행 애호가들의
호기심을 자극하기에 충분한 내용들입니다.

베트남은 남북의 길이가 1,650km나 되는 길쭉한
나라입니다. 그만큼 풍부한 체험거리를 가득 담고
있기도 합니다. 지금까지 사람들에게 잘 알려지지
않았던 지역과 장소 등을 이 책의 저자 소율 작가님이
《그래서, 베트남》으로 소개하게 된 것을 반갑게
생각합니다. 이 책이 많은 이들에게 그동안 알지
못했던 베트남 소도시들의 다양한 색과 향기를 느낄
수 있는, 풍성한 여행을 만끽할 수 있는 경험이 되기를
기대합니다.

첫 페이지를 여는 순간, 여러분은 소율 작가와 함께
베트남 소도시 속 카페에서 진한 베트남 커피 한잔에
취한 채 앉아 있게 될 것입니다.

다시 한번 감성 힐링 에세이집, 《그래서, 베트남》의
출간을 축하드립니다.

주한 베트남 관광청 대표부 리 쓰엉 깐 관광대사

베트남의 쌀국수와 진한 커피가
당신을 기다립니다

여행 하나 책 둘, 소율 작가와 맺은 인연의 한 자락이다.
일찍이 중년의 배낭여행자로 세계를 누볐던 그녀,

이제 그곳 여인네마냥 붉은 아오자이가 잘 어울리는 모습으로 베트남의 소도시를 여행한다. 책 속에서 생생하게 전해주는 에피소드들이 당장이라도 그곳으로 뜨고 싶은 마음에 불을 지핀다. 반짝거리는 눈빛으로 베트남 소도시를 누볐을 작가의 흔적이 고스란히 전해진다. 읽으니 그곳의 쌀국수도 진한 커피도, 몹시 당긴다.

당장 달랏으로 뜨고 싶은 여행자, **손미선**

혼자 여행을 망설이고 있는 사람이라면

결혼 후 세 아이의 엄마로 전업주부로 살면서, 혼자 배낭을 메고 떠난다는 건 엄두조차 나지 않았다. 하지만 이제 오십 대 중반, 그녀의 책《중년에 떠나는 첫 번째 배낭여행》을 읽은 뒤 나는 비로소 홀로 배낭을 지고 자유여행에 도전할 수 있었다. 이번에는 그녀가 베트남의 아름다운 자연을 만끽하며 명랑한 사람들을 만나고 맛있는 쌀국수를 먹는 여행 이야기를《그래서, 베트남》에 풀어냈다. 이 또한 분명 나를 위한 책이다. 책을 손에 들고 단숨에 읽어내려갔다. 아마도 나는 곧 그녀가 걸었던 베트남 구석구석을 걷기 위해 배낭을 꾸리고 있지 않을까?

세상의 아름다운 길을 걷고 싶은 여행자, **이혜란**

여행과 통(通)하고 싶은가! 마음이 움직일 때, 그때가 바로 떠날 시간이다. 마음이 움직일 때마다 훌쩍 떠나는 그녀, 자그마한 체구에 야무진 그녀, 작가 소율이 따뜻한 나라 베트남의 소도시 곳곳을 거닐며 에세이를 써냈다. 그녀 특유의 섬세함이 담겨 있는 부드럽고 편안한 문장에는 사람 냄새, 여행 냄새가 속속들이 배어 있다. 그 내음에 취한 나 또한 없던 용기를 내어 그녀의 발자국을 따라 떠나고 싶어진다. 그곳에서 나도 소율 작가처럼 자유와 행복을 느끼고 싶다.

10년째 여행을 즐기며 그곳에 가면 행복해지는 사람, **임영애**

베트남 소도시의 매력에 빠져들고 싶은 당신에게
혼자 여행을 가야지 하며 계획을 짜고 강의를 찾던 중, 만났던 작가 소율. 그녀와의 첫 만남이다. 작가의 세심한 조언으로 알차게 다녀온 동유럽 여행이 아직도 새록새록 기억이 난다. 여행을 통해 떠날 수 있는 용기를 배웠고 자신을 돌아볼 수 있는 계기가 되었다. 이제는 여행이라는 단어만 들어도 설렌다. 베트남 여행을 갈 예정이라면 반드시 읽어야 할 책 1순위! 당신도 나처럼 베트남 소도서의 매력에 풍덩 빠지게 되리라 장담한다.

다시 혼자 여행을 꿈꾸는, **최술아**

올겨울에는 반드시!

소율 작가와 함께하는 달랏 여행을 계획했었다. 그러나
코로나19 팬데믹으로 물거품이 되었다. 이 책은
혼자서도 안전하게 즐기면서 여행할 수 있는 베트남의
소도시들을 살뜰히 소개한다. 정신없이 밤새워 책을
읽고 다음 날 무작정 쌀국숫집으로 달려갔다. 당장
베트남으로 떠나고 싶은 마음을 쌀국수로 간신히
달랬다. 올겨울에는 반드시 이 책을 들고 베트남
소도시들을 여행하리라!

여행 마니아, 약사 **제성숙**

작은 것을 소중하게 여기는 당신,
베트남 소도시로 떠나라

남들이 막연히 꿈만 꾸는 것을 현실로 이루어 내는
그녀. 여행에 대한 새로운 시선을 알게 하는 그녀.
여행은 '지금 여기'를 살아가는 '진짜 삶'에 관심을
가지는 것이라고 말하는 그녀. 그녀가 전하는 베트남
소도시의 매력에 빠져 보시길.
소율 작가와의 대화에는 '여행'에 대한 생각을 열어
주는 힘이 있다. 작가만의 색깔로 여행하는 모습

속에서 읽는 내내 행복한 미소를 지었다. 따뜻한
마음을 가진 솜씨 좋은 사람들, 편안한 자연환경, 꽃의
나라, 커피의 나라, 쌀국수의 나라.
당장이라도 작가님이 전하는 베트남 소도시의
어딘가로 떠나고 싶다. 이 책을 통해 베트남 사람들이
살아가는 모습을 흥미롭게 발견할 수 있었다. 베트남을
더 깊이 이해하고 싶은 분들께 강추한다.

여행을 생각하면 그저 설레는, **염은주**

여행자의 삶이 담겨있는

"누군가의 일상이 누군가의 여행이 되는 순간"이라는
작가의 말처럼 낯선 행운을 만나기 위해 당장 어디든지
여행을 떠나고 싶어졌다. 한 권의 여행서에 여행자의
삶이 담겨있었다. 전업주부에서 여행작가로 당당하게
살아낸 것, 커피를 좋아하게 된 이유, 모든 여행이 백
퍼센트 행복하고 즐거울 수 없다는 것을 알면서도
혼자만의 여행을 이어가고 있는 모습. 역시 소율
작가답다. '강소율여행연구소' 카페에서 우연히 만나
글쓰기 모임, 독서 모임, 걷기모임을 함께 해왔다.
사람을 넉넉함으로 품어 주는 섬세하고 따스한 온기를
그녀는 가지고 있었다. 여행은 함께 해도 좋지만,
혼자가 되어야 주변을 정확하게 보고 제대로 느낄 수
있다는 작가의 말에 공감한다. 그녀의 여유로움을 닮아

햇볕과 스치는 바람을 벗 삼아 베트남 소도시 여행을
꿈꾸어 본다.

당장 떠나고 싶은 딱세줄 1기 회원, **성명순**

베트남 여행의 1번은 너로 정했다
요즘 내 원고의 주인공은 가장 높거나 가장
오래되었거나 가장 커다란 건축물이다. 웅장하고
거대한 주인공들을 몇 시간이고 상대하다 보면
목덜미가 묵직해진다. 순하고 상냥한 공기가 필요한
순간,《그래서, 베트남》을 꺼내 읽는다. 가벼운
운동화에 헐렁한 티셔츠를 걸치고 명랑한 그들
속으로 쑥 걸어 들어가는 소율 작가의 여행은 순한
맛이다. 가볍고 느긋하고 편안한, 여행자의 속도에
맞춘 여행. 그 여행에 더없이 어울리는 베트남의 작고
예쁜 소도시들을 메모해두었다. 진하지만 부드러운
베트남 커피와 뜨겁지만 시원한 쌀국수에도 형광펜을
입혀두었다. 아! 무턱대고 읽다가 마침내 결심하고
말았다. 내 베트남 여행의 1번은 커피 도시 달랏의 동네
카페, 너로 정했다!

아이와 함께 여행하는 엄마여행작가, **김춘희**

PROLOGUE

그래서, 베트남

'같은 나라를 두 번 가지 않는다?' 이런 철칙이 나에게
있을 리가. 그러나 실제로 '같은 나라를 두 번 가는
경우'는 매우 드물었다. 이유라야 특별할 건 없다.
그저 아직 가보고 싶은 나라들이 맛집 앞에 백 미터로
줄을 선 사람들처럼 많다는 게 이유라면 이유랄까.
그런데도 여러 번 베트남을 다녀왔다. 첫 번째 여행은
호이안이었다. 어느 여행기에서 읽은 호이안 이야기가
나를 이끌었다. 오래되고 작은 마을. 그냥 그곳에
조용히 스며들고 싶었다. 철저한 준비나 빼곡한
계획이 없어도 괜찮을 것 같았다. 결론부터 말하자면
'꿈은 이루어졌다.' 보통 다낭 여행 중 곁다리로 두어
시간만 들르는 호이안에서, 나는 아무런 계획도 없이,
그러나 날마다 재밌는 사람들을 만나고 새로운 일들이
벌어지는 일주일을 보냈다. 그 여행의 특징은 '혼자서,
베트남의, 작은 도시'라는 점이었다. 내가 베트남의
소도시 여행에 매혹된 건 그때부터였다.
이후로 나는 베트남에 네 번 더 갔다. 테마는 역시
'혼자 하는 베트남 소도시 여행'이다. 북부의 하이퐁,
깟바 섬, 닌빈, 빈을 거쳐 중부의 동허이, 다낭, 남부의

달랏, 호찌민, 빈롱, 껀터까지. 남북으로 기다란
베트남을 위에서 아래로 천천히 흘러내려 왔다. 짧게는
3, 4일쯤 길게는 2주일까지 한 도시에서 머물렀다.

'왜 하필 베트남인가'

실은 운이 아주 좋았다는 고백부터 해야 한다. 큰
사업을 성공적으로 일구어낸 사람들에게 비결이
뭐냐고 물으면 운칠기삼이라고 하던가. 성공한
사업가도 아닌 내가 같은 말을 할 줄이야.
하지만 이상하게 베트남에서는 행운의 여신이
따라다니는 느낌이었다. 쾌활하고 친절한 사람들이
골목마다 튀어나왔고 나도 모르게 탄복하는 아름다운
자연이 가득했고 지역별로 서로 다른 쌀국수가
내 입을 행복하게 해주었다. 이따금 저렴한 물가
덕에 배낭여행자답지 않은 사치를 배낭여행자다운
가격으로 누릴 수 있었다. 그 모든 이야기가 이 책에
담겨있다. 그러니 중간에 책을 덮지 말고 끝까지
가보시라. 왜 하필 베트남인지 알게 될 것이다. 그러다
어느 순간 당신에게도 행운의 여신이 노크를 할지도
모르는 일이니까.

'대도시가 아니라 소도시?'

의문이 들 수도 있겠다. 우리는 여행에서 흔히

대도시를 떠올린다. 베트남 하면 하노이나 호찌민, 최소한 다낭이나 나트랑 정도라도 끼워줘야 마음이 편하다. 태국 하면 방콕. 중국 하면 베이징이나 상하이. 프랑스 하면 파리, 스페인 하면 마드리드나 바르셀로나. 공식처럼 정해져 있다. 관광지로 유명한 곳들은 대부분 대도시이거나 수도이거나 유적지, 휴양지 중 두 개 이상에 해당한다. 그런 곳이 나쁘다는 게 아니다. 세상에 객관적으로 좋거나 나쁜 도시가 있을까. 오직 주관적인 호불호가 있을 뿐.

나는 대도시보다 소도시에 매료되는 타입이다. 태생적으로 붐비는 곳을 좋아하지 않는다. 지나치게 바쁘고 시끄럽고 혼란한 대도시에서는 영혼이 달아나는 느낌이다. 여행지에서 탐색할 범위가 너무 넓으면 지레 지쳐버린다. 한가로운 작은 카페에서 늘어지는 것, 미로 같은 좁은 골목길을 천천히 끝까지 걷는 것, 흩어져 있는 이름 없는 시장들을 순례하는 것, 이방인에게 호의를 베풀 만큼 너그러운 사람들을 마주치는 것, 나를 신기해하는 동네 꼬마들의 사진을 찍어주는 것. 그리고 숙소 직원의 오토바이를 얻어타고 '오빠, 달려!'를 외치는 것은, 거의 언제나 소도시에서만 가능했다. 그리고 나는 이런 일들에서 행복을 느끼는 사람이었다.

닌빈의 꾹푸엉 국립공원

'혼자서 여행한다'

처음부터 그랬던 건 아니다. 나라고 타고난 홀로
여행자는 아니었다. 초등학교 4학년 아들의 손을 잡고
시작한 여행이, 아이가 대학에 들어간 뒤부터 자의
반 타의 반 혼자 하는 여행으로 이어졌다. 두 권의
여행책을 출간하고 여행작가라는 타이틀을 얻었다.
그렇다고 밥 먹듯이 여행을 떠날 수 있는 상황은
아니었다. 여전히 주부였고 뒤늦게 일을 시작한 터였다.
나의 여행은, 일상에 파묻혀 숨 고르기를 하다가
어느 순간 단번에 일상을 뛰어넘는 식이었다. 즉 가끔
떠나지만 좀 긴 여행으로, 일 년에 한두 달쯤. 나와
시간과 마음을 동시에 맞출 동행을 구하기란 하늘의 별
따기. 자연스레 '홀로 여행'의 세계에 빠져들었다.
베트남의 작은 도시들을 혼자 여행할 때, 나는 자신의
삶을 가꾸어가는 사람들을 가까이에서 지켜볼 수
있었다. 그들은 스스럼없이 종종 틈을 내어주었고 나는
자주 그 시간에 끼어들었다. 기차에서 무거운 내 여행
가방을 번쩍 올려주던 중년 남자, 노점에서 쌀국수
먹는 법을 알려주던 옆자리의 할머니, 시장에서 장사를
마치고 한바탕 카드를 치다가 번역 앱으로 필담을
나누었던 아줌마들, 엄마가 파는 오렌지 주스를 함께
마시던 어린 자매……. 나는 그들의 일상에, 그들은
나의 여행에 사이좋게 섞여들었다. 누군가의 일상이

혼자 하는 여행이 좋다

누군가의 여행이 되는 순간이다.

흐린 날씨에도 짙푸른 바다와 연녹색 강물과

기암절벽의 카르스트 바위들이 느리게 춤추듯 늘어선

풍경, 거대한 외계인의 피부처럼 울퉁불퉁하고 어두운

동굴, 땀범벅으로 걸었던 습기 가득한 정글에서

혼자였기에 온전히 그 속에 빠져드는 경험을 했다.

작은 섬의 먼지 날리는 흙길과 늘 꽃이 만발한 거리,

구석구석에 숨어있다가 갑자기 나타나는 조그만

시장들을 혼자여서 지치도록 돌아다닐 수 있었다.
베트남 여인들처럼 어여쁜 아오자이가 입고 싶어서
몇 시간이고 옷가게들을 둘러본 일도, 결국 각기
다른 도시에서 두 벌의 아오자이를 장만한 것도 역시
혼자였기에 가능했다. 누가 바람 같은 변덕을 참아
줄까나.

내가 만났던 베트남에서는 있을 법한 일들과 그 반대의
것들이 동시에 일어났다. 나의 여행은 누군가의 여행과
닮았을 수도, 딴판일 수도 있겠다. 어쩌면 특별할 수도
있고 평범할지도 모르는, 그런 이야기다. 어느 쪽이든,
당신이 별로 들어본 적 없는 낯선 여행지에 가고
싶다면, 조용하고 작은 마을에서 빼어나게 아름다운
자연을 만끽하고 싶다면, 명랑하고 잘 웃는 사람들을
만나고 싶다면, 덤으로 둘도 없이 맛있는 쌀국수를
날마다 먹고 싶다면. 그때가 바로 베트남의 작은
도시들로 떠날 시간이다.

떠나자, 사랑스러운 베트남의 작은 도시들로!

CONTENTS

행운을 만나려면
작은 도시로

하이퐁과
깟바 섬

하이퐁은
처음이라

내가 낯선 공항에서 얼른 정신을 차리는 순서는 다음과
같다.
첫째, 약간의 돈을 환전한다. 둘째, 핸드폰에 현지
유심칩을 바꾸어 넣는다. 셋째, 밖으로 나가 심호흡을
한다. 그러고 나면 산 설고 물 선 도시에서 여행자로
살아갈 자세가 확립된다. 나는 일련의 과정을 거친 뒤
'아아, 이제 본격적인 여행 시작이다!' 하며 안심하는
것이다.

하노이는 알아도 하이퐁은 처음이었다. 하이퐁이라니.
자꾸 '하이 퐁퐁퐁!'이라고 장난치고 싶어지는
이름이다. 실제로 발음할수록 경쾌해진다. 베트남을
가기로 했을 때 나는 북쪽에서 남쪽으로 쭉 훑는
여행을 마음먹었다. 사실 종주니 종단이니 하는
것들과는 인연이 없었다. 2011년 아들과 세계여행을
다닐 때, 남아공에서 이집트까지 아프리카 종단을
시도했다가 탄자니아에서 집어치우고 태국으로 빠진

경험 이후, 나는 '종'자가 들어가는 여행을 꾀하지
않았다. 대신 한 도시에 오래 머무는 여행을 즐긴다.
그런 면에서 베트남 여행은 이례적이다. 아주 오랜만에
'종'자 여행을 하고 싶어졌다. 여행자의 변심에는
이유가 있다? 없다!

하이퐁 깟비 국제공항에 내려 입국심사(라고 해봐야
그저 여권에 도장을 찍어주는 것)를 마치고 350달러를
환전했다. 예외적으로 많은 금액인 건 어차피 공항이나
시내나 환율 차이가 크지 않다는 정보를 입수해서다.
그리고 베트남 통신사의 유심칩을 핸드폰에 장착했다.
하이퐁이 호찌민, 하노이에 이어 베트남에서 세 번째로
큰 도시라지만 공항은 소박했다. 아마 이름난 도시가
아니어서겠지. 덕분에 취항하는 항공사와 승객의 수가
적어 여행자로서 자세가 확립되는 과정이 간편했다.
베트남 여행을 하노이가 아닌 하이퐁에서 시작한
이유는 인근의 깟바 섬이 하롱베이와 가깝기 때문이다.
게다가 하롱베이에 버금가는 란하베이가 깟바 섬에
있어서, 두 곳 모두를 손쉽게 가볼 수 있다. 애초에
소도시만 다닐 예정이었기에 굳이 하노이까지야.
공항에서 택시를 타고 바닷가 선착장에 내렸다.
여기에서 스피드 보트로 50분을 가면 깟바 섬에
도착한다. 보트 티켓을 사고 나니 배를 타기까지
2시간의 여유가 생겼다. 점심을 먹고 커피나 한잔

마시면 좋겠다고 생각하면서 주위를 둘러봤을 때.
배낭을 메고 나처럼 두리번거리는 남자가 있었다. 척
봐도 한국인이다. 혼자였고 선한 인상이었다. 아까
하이퐁 공항에 내렸을 때부터 그를 보았다.

여행지에서 한국인과 만나면

여행지에서 마주치는 한국인과 한국인. 두 가지
반응이 나타난다. 반갑게 인사하거나 모른 척하거나.
'한여름 휴가 기간에, 한국인이 많이 가는 도시나
유명 관광도시에서, 동행이 있다.' 혹시 둘 이상이
겹치는가? 그럼 모른 척하는 게 낫다. 눈치 없이 "어머,
한국인이세요?" 하고 말을 걸었다가는 "아, 녜에"라는
영혼 없는 대답과 함께 냉랭한 얼굴을 마주하기
십상이다.
첫 번째 반응을 보여도 무난한 경우가 바로 지금이다.
즉 비수기에, 여행자가 많지 않은 도시에서, 혼자인
데다, 인상이 좋은 사람이, 무언가를 찾고 있을 때.
가령 같이 밥을 먹을 '동행'을 찾는다거나 함께 커피를
마셔줄 '동행'을 찾는다거나 심심하지 않도록 대화를
나눌 '동행'을 찾는다거나. 나로서는 상황 파악 끝.

"한국인이시죠? 깟바 섬에 들어가세요?"
"네. 배 시간이 남아서 쌀국수나 먹을까 하고 둘러보던

참이에요."

"잘됐네요. 저도 그렇거든요. 같이 식사하실래요?"

"혼자보다야 둘이 먹는 게 낫죠!"

여행 첫날은 아무래도 긴장하기 마련이다. 하필 오전 7시 15분 비행기라 새벽부터 서둘러야 했다. 유럽 같은 장거리는 아니어도 하이퐁까지 5시간 20분의 비행이 짧다고 할 순 없었다. 선착장에 도착했을 때 나에게는 약간의 휴식과 안심이 필요했다. 맞춤하게 같이 밥을 먹을 수 있는 데다 모국어가 통하는 동행을 만났다는 건 꽤 괜찮은 상황이었다.

24인치 여행 가방을 끌면서 맛집을 찾아다닐 수는 없는 노릇이라 우리는 코앞에 있는 노점 식당으로 갔다. 주인아주머니는 영어를 몰랐고 두 명의 여행자는 베트남어를 몰랐으므로 벽에 붙어 있는 음식 사진 중 하나를 가리켰다. 새우가 푸짐하게 들어가 군침이 도는 쌀국수였다. 명색이 항구도시인데 새우쯤은 먹어줘야 하지 않겠어? 국물이 빨간 게 맵지 않을까 걱정했지만 아주머니는 'Spicy'나 'Hot'을 전혀 못 알아들었다. 나는 일명 동남아시아의 '쥐똥고추'라면, 편으로 썰어놓은 것 두어 개만 국물에 살짝 넣었다가 바로 빼낼 정도로 매운맛에 약한 편이다. 에라 모르겠다, 매우면 눈물 콧물 흘려가며 먹는 수밖에. 처음 보는 남자 앞에서.

거리에서 머리 깎는 이발사와 손님

길가에 내놓은 낮은 테이블과 조그만 목욕탕 의자에
앉아서 (엄청 매울지도 모르는) 쌀국수를 기다리노라니
절로 웃음이 났다. 우리는 통성명을 하고 이야기를
주고받았다. 여행자끼리 흔히 할 법한 대화였다.
그동안 어떤 나라들을 여행했는지, 이번 여행에서는
어느 도시들을 갈 건지, 깟바 섬에서 며칠이나 머물
건지, 선착장까지 택시비가 얼마나 나왔는지까지.
그래서 내가 3만 동(1500원)을 바가지 쓴 것도 쓸데없이

알아버렸다. 이윽고 나온 쌀국수는 조금도 맵지
않았다. 눈물 콧물을 보(이)지 않아도 되어, 그에게도
나에게도 다행이었다. 쌀국수에는 새우와 고기, 채소가
가득 들었고 국물은 담백했다. 우리는 게 눈 감추듯
싹싹 비웠다.

이후 순서는? 당연히 산책이지. 먹었으면 걸어야 한다,
여행자라면 걸어야 한다는 데 두 사람은 동의했다.
거리에서 머리를 깎는 세상 심각한 표정의 이발사와
손님을 구경하고, 삼각형의 전통 모자 논을 쓰고
열대과일을 파는 여인들을 거쳐서, 먼지 날리는
공사장 옆을 지나갔다. 비록 작지 않은 가방을 끌고
울퉁불퉁한 길을 걷는 게 쉽지는 않았다만.

이쯤에서 당기는 건 시원한 커피. 연유가 들어간
달달한 베트남 커피 말이다. 작은 로컬 카페에
들이닥친 외국인 손님들에게 직원은 약간 놀란 듯했다.
아이스커피(카페쓰어다)를 시켰는데
뜨거운 커피핀(커피를 내리는
일인용 도구)과 얼음을 담은
유리컵이 따로 나왔다.
이번에는 손님 쪽에서
당황했다. 이거 아이스커피
맞나? 직원은 노련한 표정으로
돌아가 '커피핀의 커피가

연유를 넣은 달달한
베트남 커피

채소와 과일을 파는 노점

다 내려지면 얼음 컵에 부으시오'라고 손짓으로
알려주었다. 방금 만난 두 여행자에게 하이퐁에서의
첫 쌀국수와 첫 산책과 첫 커피는 만족스러웠다. 모든
것이 단 두 시간 동안의 일이다.

나는 언제나 이런 순간이 신기하기 짝이 없다. 오늘
처음 만난 사람이 나처럼 길가 노점에서 쌀국수를
먹어도 맛있다고 고개를 끄덕일 때, 아무 카페에서나
커피를 마셔도 즐거워할 때, 경쟁하듯 여행지에서
저질렀던 실수들을 늘어놓아도 창피하지 않을 때, 나는
이미 여행이라는 시공간에 깊숙이 들어서는 것이다.

마음 맞는 동행을
만나기란

다른 건 몰라도 이것만큼은 장담할 수 있다.
여행을 가기 전에 마음에 드는 동행을 구하는 것보다
여행지에 와서 마음이 맞는 동행을 만나는 일이 다섯
배쯤은 쉽다고 말이다. 여행지에서 만나는 동행이란
친구가 되기에 알맞은 조건을 여럿 가지고 있다.
세상에 하고많은 나라와 도시 중에 같은 여행지를
선택했다는 것부터 시작해서, 하필 내가 예약한 보트
혹은 버스나 기차를 그 사람도 탄다거나 그 지역에서
내가 고른 장소를 그이도 간다거나, 또는 같은 숙소에
묵는다거나 하는 일이 어디 보통 인연인가. 바꿔 말해
뭔가 통할 확률이 높다는 이야기다.

하이퐁 선착장에서 만난 그와 사이좋게 깟바 섬까지
들어왔다. 보트 안에서도 나란히 앉아 수다를 떨고
맞장구를 쳤다. 잠깐의 대화로 두 사람의 공통점과
차이점을 발견했다. 이를테면 둘 다 수영은 못 하지만
그는 베개에 머리만 대면 잠드는 타입이고 나는 그렇지

숙소 내부의 모습

않다는 것 등등.

보트가 섬에 도착했다. 우리는 각자 짐을 풀어놓고
산책을 나섰다. 목적지는 캐논 포트. 깟바 타운에서
언덕길을 40분쯤 올라가면 란하베이의 경치(특유의
카르스트 지형)를 내려다볼 수 있는 캐논 포트가
나타난다. 대포가 남아있는 요새였으나 지금은
전망대로 사용되고 있다. 가는 길은 바람이 불어
선선했다. 꼭대기에 올라서자 석양을 구경하려는

전망대에서 바다 경치를 내려다보는 사람들

동행과 함께 마시는
사이공 비어의 맛

전망대에서
시원한 알콜음료 한 캔

여행객들이 벤치를 차지하고 있었다. 우리도 귀퉁이에 적당히 걸터 앉았다. 구름이 짙게 깔려 엽서에 등장하는 노을과는 거리가 멀었지만 '겨울'치고 나쁘지 않은 풍경이다. 깟바 섬은 바야흐로 겨울로 접어드는 시기였다.

잠깐 베트남의 날씨에 대해 언급하자면, 남북으로 긴 지형 탓에 북부와 중부, 남부의 계절이 각기 다르다. 그래서 나처럼 한 번에 베트남 일주를 감행하는 건 권장할 사항이 못 된다. 하노이로 들어가 북부를 다니고, 다낭으로 들어가 중부를 둘러보고, 호찌민으로 들어가 남부를 여행하는 게 적절한 방식이다. 그러니까 베트남은 각 지역의 날씨에 맞춰 세 번을 와야 하는 나라다.

북부 지역은 우리나라와 마찬가지로 12월에서 2월까지 겨울에 해당한다. 동남아시아는 일 년 내내 더울 거라는 추측이 무색하게, 늦가을 정도의 기온에 비가 자주 내린다. 영하에 칼바람이 부는 혹한은 아니어도 하노이부터 위쪽 지방은 상당히 춥다고 한다. 따뜻한 베트남에서 겨울을 보내고 싶은 사람은 남부로 가야 한다. 우리가 생각하는 강렬한 햇살이 내리쬐는 열대의 날씨는 남쪽이 정답.

두 번째 베트남 여행 비행기 표를 사고 나서 뒤늦게 날씨를 파악했다. 내가 찜했던 12월이 다른 동남아

나라들처럼 건기일 줄 알았던 것이다. 결론은 흐리고
비 오는 겨울의 베트남(북부와 중부 지역)을 돌아다녔다는
이야기.

롤 빗 찾아 삼만 리

하이퐁 선착장에서부터 눈치챘다. 그는 나와 죽이
잘 맞았다. 첫날부터 운이 좋았다. 맨 처음 갔던
호이안에서도 그렇고, 이상하게 베트남에서는
숨바꼭질하던 행운을 잘도 찾아내는 술래가 된다.
어두워지는 언덕길을 내려오면서 저녁밥은 해물을
먹기로 의기투합했다. 여기는 섬이니까! 홀로 여행에
익숙해진 지 오래되었고 혼밥이 새삼 힘들지 않았다.
허나 일행과 함께 여러 가지 요리를 맛볼 수 없다는
점이 가끔 아쉬웠다. 둘이서 새우구이, 오징어와
생선튀김, 볶음밥, 거기다 사이공 비어를 곁들이니 크,
여행 기분 제대로 난다. 역시 밥은 같이 먹는 게 진리.
다음 날 함께 하롱베이 투어를 다녀왔고 밤에는
'롤 빗'을 찾아 깜깜한 깟바 타운을 헤매기도 했다.
느닷없이 웬 롤 빗이냐고? 음, 사연이 좀 있다. 나는
여행 준비물로 미니 헤어드라이어와 롤 빗을 꼭
챙긴다. 머리카락이 잘 삐치는 편인데 롤 빗으로
간단히 해결되니까. 내게는 중요한 물건이다. 이번
여행에도 당연히 롤 빗을 가져온 줄 알았다만,

착각이었다. 그렇지만 큰 문제는 아니다. 해결책은
간단하다. 늘 그랬듯 현지에서 사면 된다.
그래서 명실공히 나의 동행인 그는 롤 빗 쇼핑에
흔쾌히 가담해주었다. 참으로 배려심 깊은 친구가
아닐 수 없었다. 섬을 한 바퀴 돌며 슈퍼마켓(실은
구멍가게)마다 롤 빗을 찾았다. 예상외로 그 흔한 롤
빗을 아무 데서도 팔지 않았다. 마지막으로 떠올린
건 미용실, 이건 신의 한 수라고 생각했다. 설마
거기에는 있겠지! 동네 사람들이 알려준 미용실에
들어가 조금은 비굴한 표정으로 "혹시 롤 빗 하나를
팔지 않으시겠어요?" 물어보았으나, 대답은 단호하게
"No!"였다. 그럼 도대체 깟바 섬 어디에서 구할 수
있냐고 재차 물었다. 진한 화장을 한 헤어 디자이너는
더욱 엄격한 목소리로 말했다. "No, Cat Ba!" 이보다
정확한 표현은 없으리라. 깟바 섬 안에는 롤 빗 따위
없어!! 그랬다. 섬에서 구할 수 없는 귀한 물건이었던
거다. 두 여행자는 동시에 웃음보가 터졌다. 하하하.
없구나, 없는 거였어. 설사 미용실에서 롤 빗을
샀더라도 이만큼 재밌지는 않았을 것이다. 섬에서
찍은 영화 '롤 빗 찾아 삼만 리'는 그렇게 끝이 났다.
결과적으로 복합적인 '다큐 심리 스릴러 코미디'
장르라고나 할까.

여행지에서 처음 만난 우리가 이틀 동안 둘도 없는
친구였다. 함께 밥을 먹고 커피와 맥주를 마시고
산책을 하고 투어를 다녀왔다. 심지어 롤 빗 따위를
찾아 누가 밤길을 다녀줄까. 그도 얼떨결에 코가 꿰어,
하찮은 물건 때문에 온 섬을 뒤지리라고는 꿈도 꾸지
않았겠지. 곧 다시 타인의 신분으로 돌아갈지라도,
그 시간만큼은 함께 웃고 함께 걸었다. 우리는 다시
만나지 못할 테지만 그는 내 여행의 일부가 되었다. 나
역시 그의 여행의 일부가 되었겠지. 여행자들은 잠시
서로의 세계에 드나들고 또 물든다. 내가 그를 잊으면
그는 타인이 되지만 내가 언제고 그를 기억할 때 그는
다시 나의 친구가 된다. 여행지에서 만난 동행은 결국
낯설고도 가까운, 묘한 관계가 되는 것이다. 그리고
나는 씨줄과 날줄처럼 엮인 관계를 기껍게 받아들인다.
내 여행을 다채롭게 수놓는 무늬가 될 것이므로.

아기와
여행하는 법

자꾸만 눈길이 갔다.
도무지 한 번도 칭얼대지 않는 10개월짜리 아기라니.
누가 안아도 방긋방긋. 옆에는 한시도 쉬지 않고
조잘대는 오빠, 서너 살쯤 되었겠다. 배 안에서 요
천사들에게 반하지 않은 승객은 한 명도 없다는 데 내
롤 빗을 걸어도 좋다.

하롱베이와 란하베이를 묶은 일일 투어를 떠났다.
아쉽게 날씨가 도와주지 않았다. 먹구름이 잔뜩 끼었고
싸늘한 바람이 불었다. 기분 좀 내보려고 전망 좋은
2층으로 올라갔다가 덜덜 떨면서 도로 내려오는
사람들이 반 이상이었다. 어느덧 배는 착실히 달려
하롱베이에 도착했다.
곧이어 카약을 내리고 손님들에게 '신선놀음' 시간을
하사했다. 사람들은 두 명씩 짝을 이뤄 카약을 탔다.
날이 흐린데도 바다는 초록색이었고 아름다운
카르스트 지형의 섬들이 병풍처럼 늘어섰다.

카약 신선놀음을!

바다 색깔은 서양화요, 섬들은 동양화였다. 섬에 둘러싸여서인지 바람이 잠잠했다. 노를 저으니 추위도 가시는 듯했다. 엉뚱하게 몇몇 카약은 경기에 출전한 선수들로 빙의했다. 누가 더 빨리 가나 경쟁심에 불타서 열성적으로 노를 저었다. 동행과 나는 '왜들 저런대?' 눈빛을 주고받았다. 우리 카약은 잔잔한 물살을 느끼며 천천히 부유했다. 이것이야말로 진정한 신선놀음이로구나. 시조에서 등장하는 '신선들의 뱃놀이'가 정확히 어떤 행위인지 몰랐는데 비로소 온몸에 새기게 되었다. 나는 명사가 동사로 변환되는 과정을 느꼈다. 하롱베이는 명성 그대로였다. 하롱베이에서 신선처럼 뱃놀이를 즐기는 건 명성 이상이었다. 나는 이것만으로 투어는 이미 제값을 했다고 생각했다. 나만 좋은 게 아니었는지 손님들은 그만 배로 돌아오라는 소리에도 뱃놀이를 계속하고 싶어 했다.

'주는' 게 아니라 '하는' 것

신선놀음 시간 다음은 바다 수영 시간이었다. 배는 하롱베이를 떠나 작은 섬 근처에 멈추었다. 수심이 얕아 수영하기 좋은 장소였다. 그렇다고는 해도 찬 바닷물에 과연 사람들이 들어갈까 의심했다. 하지만 어디서나 용감한 첫 타자는 있기 마련. 주저하던 한

사람이 '에라, 모르겠다!' 하는 표정으로 뛰어들자
머뭇거리던 옆 사람이 '그렇다면 나도!' 하는 얼굴로
몸을 던졌다.

두 아기를 데리고 있던 젊은 부부는 남편이 먼저
들어갔다, 어깨에 큰 아이를 매달고. 널찍한 아빠 등에
올라탄 아들은 신이 나서 종알거렸다.

"저 아저씨는 문어같이 헤엄쳐! 나는 물고기같이
헤엄친다!"

ㄱ 아이가 가리키는 남자는 머리카락이 거의 없는
사람이었다. 그는 하하 웃으며 아이를 넘겨받았다. 문어
아저씨 등에 갈아탄 아이는 다시 깔깔거렸다. 아들을
친구에게 넘긴 남편은 배에 올라와 아내에게서 어린
딸을 받아 들었다.

아내가 "어때?" 하고 묻자 "괜찮아, 물속은 춥지 않아"
대답했다.

그녀는 망설이지 않고 바다로 뛰어들었다. 물속에서
엄마와 만난 아들이 또 소리쳤다.

"엄마, 나 좀 봐! 나 물고기처럼 헤엄치고 있다고!"

여전히 문어 아저씨 등에 올라탄 채였지만 말이다.

옆에만 있어도 웃음 짓게 만드는 가족을 나는 자꾸
쳐다보지 않을 수가 없었다. 특히 아빠가 눈에
띄었는데, 담담한 얼굴로 아기를 돌보는 그의 태도
때문이었다. 점심을 먹을 때도 수영을 할 때도 가만히

아빠와 아들

배를 타고 있을 때도 아내와 번갈아 가며 아이들을
챙겼다. 아직 손이 많이 가는 어린 딸을 내내 안고
있으면서 조금의 짜증이나 생색을 내지 않았다. 다시
말해서 놀아주는 게 아닌 같이 노는 아빠였다.
엄마들이 당연하게 여기는 육아의 시간을 아빠들은
당연하게 받아들이지 않는 경향이 있다. 그들은 내
아이를 내가 돌본다는 '능동'이 아니라 아내가 할
육아를 '도와준다, 해준다' 이런 수동적인 의미의
언어를 주로 사용한다. 누군가에게 어떤 행위를
'주는' 건 그게 곧 자신의 일이 아니라는 뜻이다. 나의
일이라면 '주는' 게 아니라 그냥 '하는' 게 되겠지.

동서양을 막론하고 진심으로 이렇게 행동하는 아빠는
드물었다.

이들의 분위기는 '자연스러움, 부드러움, 편안함,
따뜻함, 미소' 같은 단어를 떠올리게 했다. 옆에
있던 나까지 저절로 심장 부근이 말랑해졌다. 아직
10개월밖에 되지 않은 아기가 한 번도 울지 않는 건
아마 그래서겠지. 금발에 갈색 눈동자가 별처럼 빛난다.
거기다 아랫니는 딱 두 개. 이토록 사랑스러울 수가.
나는 왼쪽 검지를 장난감 삼아 아기에게 내주었다.
어쩜 낯도 안 가릴까. 투어에서 돌아오는 길, 모르는
아줌마의 손가락을 조물락거리며 잘만 놀고 있었다.
그들에게 특히 어린 딸에게(그래, 난 딸이 없다) 흠뻑 빠진
나는, 살며시 아기를 안아 보았다. 손가락이 아닌 낯선
얼굴을 코앞에서 마주한 아기는 갑자기 겁먹은 표정이
되었다. 아아 너는 내 손가락만 좋아하는 거였어.

물고기처럼
헤엄치고 싶어

언뜻 봐도 히피 냄새가 나는 사람이었다.
반백의 구불거리는 머리카락이 어깨를 뒤덮었고
흐늘흐늘 늘어진 티셔츠를 걸쳤다. 잔잔한 바다를
가만히 바라보는가 싶더니 돌연 웃옷을 벗어던졌다.
눈 깜짝할 새에 그는 바닷물 위에 둥둥 떠 있었다. 순간
파도처럼 밀려오는 부러움.

난 바다 자체에 별다른 기대가 없었다. 하필 비가 많은
계절이 아닌가. 그래도 해변 산책로가 제법 예쁘다는
소문을 들었다. 해변은 총 3개가 있는데 이름이 이보다
간단할 수는 없을 터이다. 깟꼬 1, 깟꼬 2, 깟꼬 3.
삼월이, 사월이와 같은 작명법이로군. 해안선을 따라
왼쪽으로 바다를 낀 산책로는 제주 올레 코스와 비슷한
느낌이 났다. 첫날과 다르게 날씨는 점점 맑아져서
깟꼬 1에서 깟꼬 2에 도착할 즈음에는 완연한 남국의
햇살이 내리쬐었다.
아, 저이처럼 바다로 뛰어들고 싶다. 부럽고도

깟꼬 가는 산책길
산책길 아래 펼쳐진 바다

부럽구나. 수영하는 사람이 부럽기는 난생 처음이다.
내가 수영을 못 한다고 하면 유럽 출신의 여행자들은
"오늘 지갑을 털렸어" 하는 말을 들은 것처럼
안타까워한다. 한편으로 "난 걷는 법을 몰라" 하는 말을
들은 것처럼 의아함을 감추지 못한다. 열대의 푸른
바다와 뜨거운 햇살이라면 자다가도 벌떡 일어난다는
그들에게 나는 참말로 불쌍한 사람인 것이다. 그뿐만이
아니다. 필리핀이나 베트남이나 인도네시아 같은
동남아시아 사람들은 "수영을 따로 배워야만 할
수 있나? 어릴 때 그냥 강물에서 놀다 보면 저절로
하게 되는 거 아냐?"라고들 한다. 수많은 섬, 장대한
강들과 바다로 둘러싸인 동남아에서 사람들은 그렇게
수영을 익힌단다. 그럼 나는 별거 아닌 듯 심드렁하게
대꾸한다. "뭐, 나는 바다보다 숲을 좋아하는
타입이거든요."
동남아시아는 그렇다 치고 유럽 사람들은 유아기부터
자연스럽게 수영을 배우지만 우리는 사정이 다르다고.
요즘은 초등학교에 '생존 수영'이라는 수업이 있다고
한다. 내가 어릴 땐(70년대) 간혹 피아노를 배우는
애들은 있어도 수영을 배우는 아이는 없었다. 당시만
해도 실내 수영장이 존재하지 않았던 시대였다. 여름에
강가로 놀러 가 대충 물장구 몇 번 치는 게 전부였다.
그러다가 강물에 빠져 허우적거린 기억 때문에 물을

무서워하게 되었다.

나이 오십에 수영을 배운 엄마

나와 반대로 우리 엄마는 수영을 30년 넘게 해오셨다.
여든을 넘긴 연세에도 우아하게 수영을 즐기셨다.
"수영 못 하는 여편네들이 꼭 철벅거리며 사방에 물을
튀기고 다닌다니까? 나처럼 살살하면 물도 안 튀기고
얼마나 좋은데." 엄마는 나이 오십에 수영을 배웠는데
타고나기를 물과 찰떡궁합이었다. 자세가 좋아서 앞에
불려 나와 시범을 보일 수준이었다니 말 다 했지. 내가
스무 살 때 엄마는 (물어보지도 않고) 나를 동네 수영장에
등록시켰다. '그 좋은' 수영을 못하는 젊은 딸이
안타까웠던 게다. 그러나 딸의 상황은 다음과 같았다.
첫째, 물속에 머리를 집어넣는 것이 호환마마보다
무서웠다. 둘째, 키가 작은 나머지 발이 바닥에 닿지
않아 공포에 떨었다. 셋째, 도대체 추위도 너무 추운
거라. 그때가 수영장 안에서는 겨울보다 추위가
심하다는 삼월이었다. 워낙 추위를 타는 편이라 수업
내내 찬물이 끔찍했다. 물에 대한 공포심에 추위까지
더해졌다. 결론은 짐작하는 대로다. 억지로 끌려나간
수영을 배울 수 있을 리가. 깨끗이 포기해 버렸다지.
온 세상을 돌아다니고 싶은 여행자가 수영을 못 한다는
건, 솔직히 조금 창피한 일이었다. 아름다운 여행지

중 섬과 해변이 얼마나 많은가. 휴양지라면 단연 그림
같은 바다 풍경이 팔 할이다. 언젠가 나도 수영을
배워야지, 그러나 필요에 의한 다짐이었다. 수영할 줄
안다면 여행이 훨씬 효율적일 수 있겠다는 계산이었다.
끝내 실천으로 이어지지 못한 걸 보면 나는 효율과는
거리가 멀었다.

그는 격렬하게 헤엄을 치지 않았다. 그저 바다 위에
몸을 맡기고 누워있을 뿐. 바다가 마치 자기 집 침대인
것처럼 편안해 보였다. 조바심도 두려움도 갈구함도
없이. 원래 물에서 태어난 물고기 같았다. 네 발로
기어 다니던 아기가 어느새 두 발로 걷듯 그의 몸짓은
자연스러움 자체였다. 유려하다. 부러우면 지는 건데
나는 완벽하게 져버렸다. 그동안 스노클링을 안 해도
아쉽지 않았고, 30년 수영 경력의 울 엄마조차 부럽지
않았는데 왜 저 사람은 부러울까? 나는 그에게서 다른
종류의 자유로움을 느꼈다. 맞서지 않고 순응하는,
밀어내지 않고 감싸 안는, 부드럽게 스며드는, 투명한
물 같은 자유.
깟꼬 가는 산책길, 잠깐 그이를 스친 뒤부터 부러움은
확대되었다. 물에 있는 사람들이 부러워졌다. 숙소의
작은 수영장에서 느리게 헤엄치던 중년 여자도,
강가 레스토랑에서 잠시 강물에 들어갔다 나오던

할아버지도, 하롱베이 투어에서 아빠 등을 타고 다니던
세 살짜리 꼬마까지, 죄다 부러워졌다. 나도 물고기처럼
헤엄치고 싶다. 그이처럼 투명한 물 같은, 자유를
누리고 싶다.

그들의
결혼식

이런 날이 있다.
예를 들어 12월의 첫날이자 첫 번째 토요일. 아직
본격적인 겨울은 아닌 모양이라 태양이 이글거리는
날. 수염 같은 가지를 얼기설기 늘어뜨린 나무 아래로
바람이 드나드는 날. 어쩐지 열대의 공기가 상큼하게
느껴지는 날. 그리고 거리가 들썩들썩한 날. 또 뭔가
분홍분홍한 날. 다시 말해 결혼하기 좋은 날.

우연히 만난 동행과 이틀을 보낸 다음이었다. 그는
이른 아침에 버스를 타고 하노이로 출발했다고 카톡을
보내왔다. 나는 홀로 느릿느릿 거리를 걸었다. 같이
다닐 땐 보이지 않던 식당 간판들, 여행사, 상점들이
또렷이 눈에 들어왔다. 둘이어도 즐겁지만, 혼자가
되어야 주변이 정확히 보인다. 대화에 몰두하면 안
그래도 형편없는 공간 감각이 더욱 엉망이 된다.
오래전 친구들과 제주올레 10코스를 걸었더랬다.
두어 명도 아니고 자그마치 여섯 명이었다. 어찌나

장미로 장식한 결혼식 피로연장 입구

왁자지껄하게 몰려다녔는지. 걸으러 갔다기보다
떠들러 갔다고 해야 하나. 몇 년 후 다시 혼자서
10코스를 가게 되었는데 이럴 수가, 맹세하건대 처음
걷는 길이었다.

나는 마치 방금 도착한 사람처럼 새롭게 거리를
둘러보았다. 혼자 하는 여행이란 이런 기분이었지,
만끽하면서. 여행에 깊이 빠져드는 충만감은 혼자일
때라야 제대로 느낄 수 있다. 깟바 타운 중심가의
대로에는 결혼식 준비가 한창인 레스토랑이 세
곳이나 되었다. 아침부터 입구와 울타리를 장미꽃으로
장식하고 유니폼을 입은 직원들은 커다란 원형

테이블들을 준비하느라 바빴다. 내부도 온통
장미꽃으로 치장을 해놓았다. 사랑을 의미하는 만국의
공통어는 '장미'라고 부르짖는 듯했다.
문 밖에 신랑·신부의 대형 야외촬영 사진이 당당하게
서 있다. 배경이 내가 갔던 깟꼬 해변 산책로네?
인정, 그대들은 깟바 섬의 아들딸이 맞구려.
베트남도 토요일에 결혼식을 많이 하는군, 이라고
생각하며 기웃거렸다. 입구에는 귀여운 신부와 꿀이
뚝뚝 떨어지는 눈으로 그녀를 감싸 안은 신랑이
손님을 맞이했다. 오호라, 결혼식이 아니라 결혼식
피로연이로군. 신부가 새하얀 웨딩드레스 말고
연분홍의 피로연용 드레스를 입었다. 신랑·신부는
들어오는 손님들과 연신 기념사진을 찍었고, 나는 그
모습을 카메라에 담았다. 사람들의 미소와 찰칵찰칵
소리가 한데 어우러졌다. 웃기 좋은 날이다. 그리고
사진 찍기 좋은 날이다. 초대만 해준다면 가장 멋진
옷으로 갈아입고 피로연장 한자리를 차지하고
싶어졌다.

공작새 무리에 낀 참새 같아서

실제로 결혼식에 초대를 받은 적이 있다. 발리에서였다.
그날도 천천히 골목을 거닐다가 꽃으로 장식한
집을 만났다. 슬쩍 엿본 안쪽에는 커다란 화환과

신랑·신부의 사진들이 놓여 있었다. 나는 화려한 대문 근처에서 사진을 찍고 있었는데 안에서 들어오라고 손짓을 했다. 발리식 전통 드레스를 입고 손님을 맞이하는 여인이었다. 티셔츠에 반바지를 입은 외국인을 선뜻 반겨주는 통 큰 발리 인심이란. 평소 같으면 이게 웬 떡이냐며 춤을 추었을 텐데, 웬일인지 사진만 후다닥 몇 장 찍고 나와 버렸다. 내 복을 내 발로 차버린 격이지. 아니, 지나가다가, 무려, 현지인의, 결혼식 초대를 받는 게 어디 흔한 일이냐고. 나름대로 까닭이야 있었다. 집안 마당에서는 새하얀 전통 드레스를 입은 신부가, 마찬가지로 하나같이 고풍스러운 전통복장을 차려입은 손님들과 담소를 나누었다. 아는 사람도 없는 데다 나는 차림새부터 불청객이었다. 공작새 무리에 끼인 한 마리의 외로운 참새였달까. 분위기로 봐서 딱히 시작과 끝이 없이 종일 진행되는 잔치 같은데 어느 틈에 끼어야 할지. 아무리 여행지에서의 우연을 반기는 나라고 해도 어우, 그 어색함. 어쩌면 핑계였을지 모르겠다. 그냥 몹시 피곤하고 의욕이 없었던 게지. 잔뜩 고대했던 여행일지라도 가끔 어긋나는

발리의 아름다운 신부

어느 집 대문에서 엿본 발리의 결혼식

호이안 구시가지 길에서 파는 종이 공예품들

경우가 있다. 인도네시아 여행이 그랬다. 어쩐지
삐걱거리고 유난히 고단해지는 여행. 바늘구멍 난
풍선처럼 호기심과 에너지가 점점 줄어드는 여행.
그동안의 모든 여행이 백 퍼센트 행복하고 즐거웠다면
거짓말이리라. 완벽한 여행이란 남들의 SNS에만
존재한다는 걸 안다. 내 여행도 남들 눈에는 완벽해
보이겠지만, 피로와 혼란, 두통과 짜증 같은 것들이
숨어있었다.

첫 베트남 여행에서 생일잔치에 따라갔던 일이
생각난다. 현지인 가족이 운영하는 호이안의 작은
숙소에서 일주일을 지냈다. 마침 알록달록한 원피스를
사 입고 돌아오는 길이었다. 나름 장기 투숙객인 나는
주인장 그녀의 특별 배려를 받았다. 옆집에서 벌어지는
생일잔치에 동행한 것이다. 특히 그녀는 나의 새
드레스가 흡족한 눈치였다. 잔치에 가려면 그 정도는
입어줘야 하는 표정.

태어난 지 한 달이 된 아기의 생일을 거창하게
축하하는 날, 우리나라의 돌잔치와 비슷했다. 다른
점은 사이키 조명을 켜고 가라오케를 틀어놓은 뒤
밤늦도록 노래를 부른다는 것이었다. 한 무리의 여자
손님들 사이에 나도 끼어 앉았다. 그녀들은 끊임없이
내 접시에 음식을 올려주었다. 서양의 정식처럼 하나씩
서빙되던 베트남 중부지방의 독특한 잔치 음식들. 새로

호이안의 밤을 밝히는 등불

사 입은 원피스가 볼록 튀어나오도록 먹었다. 먹고
마시고 사람들과 함께 사진을 찍었다. 사진 속에서
웃고 있는 내 얼굴은 울긋불긋했다. 번쩍이는 조명
때문에 그랬던가, 신이 나서 붉게 달아올랐던가.

이번에는 아무도 나를 불러주지 않는다. 그저 세상을
다 가진 듯한 신랑·신부의 얼굴을 보는 것으로
만족할밖에. 축복의 인사를 건넨 뒤 발길을 돌릴밖에.
초대받지 않은 여행자의 최선이란 거기까지인
것을. 어느 시집의 제목처럼 '한 번도 상처받지 않은
것처럼' 언제나 다시 사랑할 수 있기를. 그대들, 부디
행복하기를.

하롱베이를 보다 편하게 즐기는 방법

하노이에서 하롱베이 일일 투어를 하면, 하롱베이까지 버스로 왕복하는
시간만 6시간~8시간이고 바다에서 보내는 시간은 4시간 정도밖에 되지
않는다.(고속도로 개통으로 편도 2시간이 걸리지만, 일일투어 상품 대부분은
구도로를 아용한다) 그러나 하이퐁으로 입국해 깟바 섬으로 가면 하롱베이와
란하베이를 보다 편리하게 즐길 수 있다. 비엣젯 항공이 인천에서
하이퐁까지 직항을 운행한다. 하이퐁 깟비 국제공항은 항공편이 적어
한산하고 수속이 빠르다. 하이퐁 벤빈 선착장에서 스피드 보트로 50분이면
깟바 섬에 도착한다.

하이퐁의 명물 쌀국수, 반다꾸아

게를 넣고 우려낸 육수에 갈색에 가까운 면발이 찰지다. 반다꾸아 전문점
'꽌바꾸'(Quán Bà Cụ)는 꺼우덧 거리(Cầu Đất) 179번지에 있다. 일반적인
소고기 쌀국수보다 새우 등 해물이 들어간 쌀국수를 추천한다. 항구도시의
맛을 경험하기를.

깟바 섬에서 할 것

하롱베이 혹은 란하베이 투어는 필수. 그 외에 깟꼬 1, 2, 3 해변을 천천히
거닐거나 수영하기. 산책로가 잘 정비되어 있다. 깟꼬 2 해변이 가장
매력적이다. 섬의 절반 이상이 국립공원이라 트레킹도 가능하다. 깟바
국립공원 입구에서 해발 200m의 전망대까지 왕복 2시간쯤 걸린다.
국립공원을 가로지르는 6km 코스는 여행사 투어를 이용할 것.

깟바 섬 숙소

깟바 타운에 몰려 있다. 선착장 주변의 미니 호텔은 바다가 보이는
전망이지만 도로변이라 시끄럽다. 골목 안쪽으로 들어갈수록 새로 지은
깨끗한 숙소가 많다. 걸어봐야 선착장에서 5분 이내이므로 안쪽 숙소를
권한다.

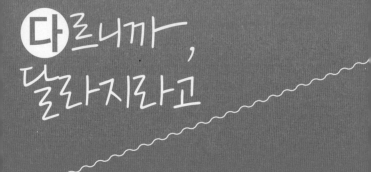

다르니까,
달라지라고

달랏

원하는
단 하나

기대한 건 딱 한 가지였다.

엄청나게 대단한 걸 원한 건 아니었다. 고로, 당연히
의심하지 않았다. 또한, 충분히 누리리라 다짐했다.
그래서 이곳에 긴 시간을, 2주일이나 덜컥 잘라
놓았던 것이다. 나는 어찌하여 그리 어리석은 희망에
부풀었을까.

삼 일째다. 흐리다가 사이사이 부슬비가 온다. 비가
오다가 바람이 휘몰아친다. 그러다 소나기처럼
쏟아진다. 우산을 써도 젖고 안 써도 젖는다. 첫날은
그러려니 했다. 어쩌다 비 오는 날도 있겠지. 두 번째
날도 그러려니 했다. 또 비가 오네, 하지만 곧 그치겠지.
세 번째 날마저 비가 온다? 설마(!) 날마다 비 오는 건
아니겠지? 뭔가 잘못되고 있다는 느낌이 자리 잡기
시작했다. 불안감이었다.

여행지에서 비를 만나는 게 뭐 대수냐고? 운
나쁘면 비도 오고 그러는 거라고? 딴 데는 몰라도

달랏에서만큼은 안 된다. 여긴 단연코 '파란 하늘만
봐도' 행복해지는 곳이라고, '파란 하늘 때문에'
행복해지는 곳이라고 들었으니까. 내가 달랏에서
기대한 건 오직 하나, 파란 하늘이었다. 때는 12월의
한가운데, 명명백백한 남부지방의 건기였다. 이즈음의
달랏은 높디높은 하늘과 새하얀 구름이 그림보다
아름다워야 할 시기다. 그런데 뼈아픈 배신을 당했다!
세계적인 이상기후는 달랏이라고 예외가 아니었던
게다. 나는 뱃속 깊이 실망했다. 결론부터 밝히자면
2주일 중 절반이 넘게 흐리고 비 오는 날이 이어졌다.
때때로 구름이 걷히는 날, 나는 다리가 저릿해지도록
미친 듯이 걸어 다녔다. 손가락 사이로 빠져나가는
모래알처럼 언제 투명한 하늘이 사라질지 모르니까.
새벽엔 맑았다가 아침을 먹을 때쯤엔 흐려지는 일이
비일비재했다. 아침 쌀국수를 다 먹기까지 파란 하늘이
보이면 무조건 뛰쳐나갔다. 시내 중심부의 쑤언흐엉
호수를 거쳐 플라워 가든을 돌고 달랏 대학교 후문
근처를 서성이다가 링선사까지 걸어갔다. 맑아도
바람은 여전했다. 모자를 눌러쓰지 않으면 머리카락이
제멋대로 헝클어졌다.
플라워 가든에서 언덕길을 넘어 달랏 대학교
쪽으로 가던 중(사실 언덕을 걸어서 가는 이는 나 하나였다),
과일을 파는 젊은 부부를 만났다. 그들은 뜬금없이

갖은 꽃이 만발한 플라워 가든

언덕 꼭대기에 오토바이를
세우고 거대한 연두색 과일을
부려 놓았다. 두꺼운 껍질이
울퉁불퉁한 것이 얼핏 두리안처럼
생겼다. 넓적한 칼로 반을 떡 가르고
다시 껍질을 쳐내면 노란색 속살이
나온다. 잭프룻이다. 통행이
잦은 대로도 아닌데 과연 팔릴까
하는 염려는 괜한 것이었다.

많은 사람들이 오토바이를 타고
지나가다가 멈추어서 과일을 샀다.
부부는 저울을 옆에 놓고 무게를 달아 돈을 받았다.
과일값이 여타 노점상보다 훨씬 저렴했을까? 손님들은
서슴없이 과일을 사는 데 반해 정작 부부는 끊임없이
주변을 살폈다. 무슨 일이 생기면 얼른 도망치려는
사람들처럼 연신 눈치를 보았다. 그러니까 그들은
'노점상'을 뛰어넘어 '번개상'이라 해야 할까. 잠시
난전을 펼쳐 놓고 물건을 팔다가 단속이 들이닥치기
전에 잽싸게 빠지는 번개상. 그들이 들키지 않고
최대한 많이 팔 수 있기를 바라며 나도 한 봉지를
샀다. 잭프룻은 처음 먹어봤다. 달콤하고 쫀득쫀득한
맛이 은근히 중독성 있었다. 덜렁덜렁 오른손에 하얀
비닐봉지를 끼우고 걷다 서다 먹다 사진 찍다, 걷는 길.

이유없이 나는 실실 웃음이 새어 나왔다.

간절한 소원, 다모아리라보

달랏 시내의 작은 절, 링선사. 알록달록한 타일로
장식한 지붕과 탑이 돋보였다. 나는 탑이 정면으로
바라보이는 벤치에 앉았다. 위로 파란 하늘과 하얀
구름이 펼쳐졌다. 애니메이션의 화면처럼 채도와
명도가 지나치게 선명해서 비현실적이었다. 줄곧
신선한 바람이 불었다. 그리고 이따금 새소리. 그러나
또한 고요. 나는 실눈을 뜨고 하늘을 향해 꿈꾸듯이
숨을 들이켰다. 이 분위기. 이 날씨. 이 느낌. 진실로
'내 여행'을 하는 기분이 든다. 내가 달랏에서 그토록
바라왔던 순간이다. 내 안에 깊고도 찰랑찰랑한 무엇이
가득 찼다. 그걸 뭐라 불러야 할지 모르겠지만 나는
이런 순간을 느끼기 위해 기꺼이 집을 나서는 것이다.
해가 지지 않았다. 아직은 푸른 하늘이 건재하다. 나는
다시 걸음을 옮겼다. 링선사를 나오는 길, 한 사내가
서 있었다. 군데군데 희끗한 머리카락에 누런색
잠바를 입은 그는 지극히 평범해 보였다. 하지만
그에게서 눈을 떼지 못한 건 뒷모습 때문이었다.
그는 불당 아래 계단에 서서 두 손을 모으고 만트라
같은 말을 되뇌었다. "다모아리라보, 다모아리라보,
다모아리라보……." 무슨 뜻일까. 사내의 목소리와

타일 장식이 돋보이는 링선사

링선사 벽에 그려놓은 부처님 이야기
알록달록한 타일로 만든 탑

뒷모습에는 간절함이 한껏 배어있었다. 불당
안에 들어가서 해도 되련만. 너무 황송하여 차마
안에서는 기도할 수 없다는 듯 밖에서 부처님을 향해
절을 되풀이한다. 무슨 사연일까. 나는 한참이나
그의 만트라를 들었다. 그의 간절함에 나도 젖어
드는 것 같았다. "다모아리라보, 다모아리라보,
다모아리라보⋯⋯." 당신의 소원이 무엇이든 반드시
이루어지기를. 지나가는 여행자가 당신을 위해
빌었다는 걸 그는 결코 몰랐겠지.

원하는 단 하나는 쉽사리 이루어지지 않았다. 뻔뻔하게
내 여행에 요구한 건 매우 어려운 일에 속했다. 당연히
주어지리라 기대했던 게 아주 귀한 것임을 깨달았을
때, 가끔 희망이 현실이 되는 날. 나는 모자를 눌러
쓰고 밖으로 달려나갔다. 한 줄기의 바람도 한 움큼의
햇살도 놓치지 않으려고 온몸을 활짝 열어놓고서. 눈에
넘칠 만큼 종일 파란 하늘을 담아 놓았다. 기억해야지,
잊지 말아야지. 내 안에 고이 쟁여두었다가 부푼
희망이 펑 소리 내며 가라앉을 때마다 꺼내 보아야지.
서랍 속에 숨겨놓은 비밀 편지처럼.

언제나 그리울
쌀국수

"베트남에서 뭐가 제일 좋았어?"
라고 묻는다면 잠깐 생각을 해봐야 한다. 사람들도
친절하고 멋진 경치도 많고 물가도 저렴하고 음…….
하지만 "베트남에서 뭐가 최고로 맛있었어?"라고
묻는다면 생각할 필요도 없다. 뭘 물어봐, 당연히
쌀국수지! 내 지론은 이렇다. '1일 1쌀국수를 먹지
않는다면 베트남 여행자가 아니다.'

베트남 여행에서 가장 많이 먹었고 가장 좋아했던
음식은 단연 쌀국수다. 쌀국수를 빼놓고 베트남
여행을 논하는 건 '꽃 없는 봄'을 맞이하는 것처럼
허망한 노릇이리. 유독 쌀쌀하거나 비라도 내리는
날씨엔, 아침저녁으로 두 번씩 먹은 날이 수두룩했다.
굳이 맛집을 찾아갈 필요가 없었다. 단순한 내 입엔
맛집이나 동네 식당이나 비슷한 맛이다. 숙소 근처에서
또는 길을 가다 아무 식당에서 먹어도 한결같이
만족한다. 고백하건대 나는 맛집을 순례하는 데는 도통

베트남에서 정말 좋았던 건 다양한 쌀국수

소질이 없다. 한 번 갔던 곳을 계속 가는 이상한 습성을
가지고 있어서 그 집 메뉴를 얼추 다 맛본 뒤에야
다른 식당을 찾는다. 이러면 금세 단골이 되어 주인과
친해지는 반면에 어딘가에 숨어있는 또 다른 맛있는
식당을 놓치기 쉽다. 하지만 후회는 없다.

솔직히 말해서 한국에서 파는 쌀국수는 달랏 길거리
식당의 발꿈치도 못 따라간다. 일단 국물부터 실격이다.
너무 짜다. 베트남의 쌀국수는 국물이 담백하고 싱거운
게 미덕이다. 베트남 음식을 먹고 놀랐던 건 쌀국수뿐
아니라 모든 음식의 간이 기본적으로 싱겁다는
사실이다. 식탁에는 개인의 취향대로 조절할 수 있도록
간장과 고추, 칼라만시 등 양념들이 놓여 있다. 입맛에
맞게 본인이 양념을 추가하면 된다. 참으로 합리적이다.
나는 소고기 쌀국수인 '퍼 보'를 즐겨 먹었다. 익숙한
소고기 국물은 언제 먹어도 뿌듯함을 안겨준다.
같은 면이라도 한국에서 먹던 면발과는 확실히 다른
느낌인데 역시 원조의 맛. 위에 얹어주는 고기는 미리
삶아서 편육처럼 썰어놓은 것, 생고기를 얇게 저며
아직 붉은 기가 남아있는 것 등이 있다. 처음에는
생고기를 먹기가 꺼림칙했는데 국물에 곧 익어버려서
담담하게 건져 먹곤 했다. 닭고기 당면 국수인 '미엔가'
역시 국물이 예술이다. 닭고기 국물이 이토록 깔끔한
맛을 내는구나. 부드럽게 술술 넘어가는 당면은 또

또 다른 별미 미엔가와 미짱, 분팃느엉 등

어떻고. 잡채에 들어가는 고구마 당면은 투박한 시골
아저씨, 미엔가의 당면은 우아한 귀부인. 달랏을 떠나기
전날, 후미진 길가 식당에서 처음으로 미엔가를 먹었다.
우쩨 이런 일이! 퍼 보와는 또 다른 신세계였다. 진즉에
와서 먹을걸.

노란색 두툼한 면발에 새우나 돼지고기, 땅콩, 허브를
넣어 비벼 먹는 '미꽝' 역시 별미지. 아, 침이 흐른다.
중부 지방에서 미꽝을 빼놓기란 불가능하다. 남쪽
메콩 강 델타 지역엔 건면을 사용하는 '후띠에우'가
흔했다. 독특하기로는 껀터의 작은 시장에서 먹은
후띠에우가 첫 번째였다. 국물이 간장 색깔에다 달콤
짭조롬한 것이 먹을수록 빠져드는 맛이다. 새우,
돼지고기(삶았는데 껍질만 튀긴 것처럼 바삭하다), 구운 양념
고기가 잔뜩, 채소도 듬뿍. 날마다라도 먹을 수 있겠다.
다른 지역에 없는 종류의 쌀국수였다. 나는 당장에
'마약 쌀국수'라는 이름을 붙이고 싶었다. 석쇠에 구운
양념 돼지고기와 채소를 면 위에 얹어 소스와 함께
비벼 먹는 '분팃느엉'은 언제 먹어도 오케이. 길을
걷다가 돼지고기 굽는 냄새만 나도 저절로 고개가
돌아간다. 이미 식사를 마친 뒤라, 애꿎은 나의 작은
위장을 원망한다.

쌀국수 주문만큼 쉬운 일은 없다

하루를 새벽부터 시작해서인지 베트남 사람들의
삼시 세끼는 비교적 이른 편이다. 2시가 넘으면 점심
장사를 재깍 접는다. 먹을 사람들은 다 먹었고 재료가
떨어지기 때문이다. 저녁이라고 다르지 않다. 6시 반쯤
문을 닫아서 조금만 늦게 가도 허탕 친다. 초저녁에
일을 끝내는 경우가 허다하다. 사정을 알아챈 뒤로
배가 덜 고프건 말건 6시까지 식당에 간다. 우선 쌀국수
국물을 한 입 넘긴다, 바로 배고파지고 식욕이 생긴다.
그러니 조금 일찍 간다고 해서 문제가 되지 않는다.
여행 와서 하는 일 중 쌀국수를 주문하는 것만큼 쉬운
게 있을까? 아무 식당에나 들어가 끓고 있는 커다란
솥단지 안을 들여다보기, 끝. 영어고 베트남어고 몰라도
상관없다. 그냥 여러 개의 솥단지 중에 마음에 드는 걸
가리킨다. 여행 내내 쌀국수를 먹고 실망하는 일은 한
번도 일어나지 않았다. 항상 첫입을 먹을 때는 양이
많지 않나 싶은데 결국 면발 하나 남기지 않고 깨끗이
먹게 된다. 국물까지 양껏 떠먹은 후엔 어지간히 배가
부르다. 그래도 걱정하지 마시길. 금방 소화가 되고
또 배고파지니까. 그럼 다시 쌀국수를 찾게 되고……
마성의 고리에서 벗어날 수가 없도다. 나같이 위장이
약한 사람을 위한 천상의 음식이랄까. 아무리 먹은들
소화불량이란 있을 수 없는 일.

현지인은 아침 식사로 반미(바게트 샌드위치)또한 즐겨
먹는다. 한국 사람 입맛에는 뜨끈한 국물이 있는
쌀국수가 승! 나는 칼라만시 한 조각을 반드시 짜
넣는다. 있는 그대로 담백하지만 새콤한 즙이 더해져
한결 풍부한 맛을 낸다. 위에 푸짐하게 얹어진 고기와
함께 후룩후룩 면발을 건져 먹고 짬짬이 국물을
마신다. 곁들이는 채소는 국물에 살포시 데쳐 면과
같이 먹는다. 모든 것이 조화롭다. 작은 그릇 하나가
전부인데 이렇게 완전할 수가. 뜨거운 국물에 국수
가락이 스르르 풀어지는 것처럼 여행자의 긴장과
불안도 함께 풀어진다. 국물의 온기가 몸속을 흘러
마음까지 덥혀준다. 배 속을 채우는 양식과 더불어
소박한 위로가 든든하게 나를 채운다. 그러면 나는
홀로 하는 이 여행을 씩씩하게 마주할 에너지가 다시
충전되는 것이다. 이를테면 쌀국수는 베트남 여행의
'닳지 않는 건전지'였다.

한국에서 무엇보다 그리울 것이 쌀.국.수. 아, 언제나
그리울 쌀국수여! 딴 건 몰라도 쌀국수에 관한 한,
용암을 내뿜는 활화산처럼 식탐이 치솟는다. 베트남에
다시 온다면 이유는 무조건 쌀국수가 나를 부르기
때문일 터. 어쩌면 오직 쌀국수만을 탐하는 먹방
여행에 도전할 수도 있겠다. 다음번 여행에서는

미식가로 등단하게 되는 건가? 앞에서 여행자의
변신은 뭐라고 했겠다? 무죄.

20대에도
안 해본
여우 짓

내가 이럴 줄이야, 예전엔 미처 몰랐네.
평소라면 혹은 한국에서라면 엄두도 못 내던 짓을
아무렇지 않게 했다. 시간을 되돌리는 시계를 가진
것처럼, 과감하게 내 나이 빼기 30년을 해버린다.
달리 표현해서 아주 뻔.뻔.해진다. 혹시 스스로가
부끄럽냐고? 마법 시계가 돌아가는 한 그럴 일은 없지.
오히려 자랑스러우니 자뻑도 이런 자뻑이 없다.

달랏 시내 뒤편에 병풍처럼 서 있는 랑비앙 산.
관광객들은 대부분 지프를 타고 전망대까지 올라간다.
그것도 나쁘지 않겠으나 있는 게 시간뿐인 나는
걸어가기로 했다. 산길에 어엿한 포장도로가 깔려있어
괜찮았다고 말하고 싶지. 순전히 오르막을 1시간
넘게 걸었다. 살짝 후회가 몰려오던 참이었다. 그때
그들을 만났다. 떠들썩한 다섯 명의 아가씨와 한
명의 청년. 도로 옆 나무 아래에 앉아 간식을 먹고

랑비앙 산 입구 언덕에 세워진 팻말
랑비앙 산 오르는 길에

있었다. "Hello!" 습관처럼 인사를 했는데 돌아오는
건 유창한 영어. 그들은 호찌민에 사는 국제유치원
선생님들이었다. 어쩐지 베트남 젊은이 여섯 명 모두가
매끄러운 영어를 구사하더라고. 두 명은 부부이고
나머지는 동료 교사와 친구들이다. 명랑한 젊은이들과
어울려 산행이 몇 곱절 즐거워졌다. 등산이라고는 해본
적이 없다는 그들은 느림보 중의 느림보였다. 그런고로
나와 잘 맞았다. 거북이처럼 걷는 동안 많은 이야기를
나눌 수 있었으므로.

총 6km를 올라 드디어 전망대의 포토존. 아래로
초록색과 황토색 논이 바둑판처럼 펼쳐졌다. 그 사이로
구불구불한 샛강이 흐르다 큰 강으로 모여들었다. 푸른
산자락이 논 주변을 둘러쌌다. 절경이다. 모두가 이
자리에서 사진을 찍는 이유가 있었군. 사람들이 빠질
때를 기다렸다가 우리도 사진 찍기에 돌입했다.
나는 여기서 '베트남식 포즈'를 전수받았다. 발랄한
젊은이답게 남다른 자세로 사진을 찍는데 저건
꼭 배워야겠다 싶더라고. 두 팔 벌려 나는 듯한
뒷모습 연출하기, 고개를 15도가량 들고 아련하게
앞을 바라보거나 향기를 맡는 듯 지그시 눈을 감기,
뒤돌아서서 고개만 돌리기. 백미는 옆으로 고개를
살며시 숙였다가 머리카락을 휘날리며 도도하게
쳐들기! 오오 이건 반드시 갈고닦아 익혀야 했다. 나도

명랑한 젊은이들과 함께 찰칵

그녀들을 따라서 머리카락 날리기 신공을 펼쳤다.
앗싸, 성공이다. 머리가 길어야 폼이 나는데 나는야
짧은 단발이라 아쉬웠다만. 그럭저럭 괜찮은 사진을
건졌다. 이만하면 훌륭하다. 딸 같은 그녀들과 함께
나도 깔깔거리며 사진을 찍었다. 혼자 갔으니 망정이지,
한국인 동행이 있었다면 민망해서 절대 시도하지
못했을걸.

틈만 나면 이쁜 척 놀이

내가 여기서만 요런 짓을 했을까? 시도 때도 없이 '이쁜
척 놀이'를 즐겼다. 시내 쑤언흐엉 호수 뒤쪽의 플라워
가든에서도 마찬가지였다. 플라워 가든은 이름에서 알
수 있듯 온갖 꽃이 만발한 공원이다. 사진 찍기 좋도록
화려한 장식들을 설치해 놓았다. 가족 또는 친구와
함께 공원을 찾은 베트남 사람들은 여기저기서 사진을
찍어댔다. 나라고 뒤질 소냐. 로마에서 로마법이라면
베트남에서는 베트남식 사진법을 따라야지. 셀카
삼매경이라고 들어보았나? 이런 배경, 저런 배경, 이런
표정, 저런 표정. 할 수 있는 건 다 해본다. 나 혼자니까.
아무도 눈치 볼 사람이 없으니까. 지나가던 아무개야
쳐다보든 말든 내 알 바 아니고. 뚜엔람 호수가
내려다보이던 카페에서도 매한가지였다. 어떻게 해야
저 멋진 호수를 배경으로 내 못난 얼굴을 근사하게

나오도록 만들까 궁리했다. 가로로 세로로 찍어 보고,
앉았다가 섰다가, 정면 측면 몽땅 들이댄다. 한번
해보시라. 혼자서 하는 놀이치고 아주 재미있다니까!
어릴 때부터 나는 사진 찍히는 걸 별로 좋아하지
않았다. 부모님의 오래된 앨범 속에 우리 5남매가
옹기종기 모여 찍은 사진이 있다. 내가 서너
살쯤이었을까. 나는 바가지 머리를 하고서 얼굴을 온통
찌푸렸다. 서열은 넷째, 부모님의 관심으로부터 한참
먼 순서였다. 그나마 몇 장 되지 않는 어릴 적 사진이
송두리 그 모양이다. 결혼식 사진조차 자연스럽게 웃는
모습이 많지 않았다.
내가 달라진 건 2011년 아들과 세계여행을 할 때였다.
본인 표현에 따르면 숨 쉬듯이 사진을 찍는다는
아들은, 아무때나 불쑥 내 얼굴에 카메라를 들이댔다.
대개 입을 쩍 벌리고 하품할 때, 멍청이처럼 깜짝 놀랄
때, 꾸벅꾸벅 졸고 있을 때 등 무방비한 모습을 찍어
놓고 낄낄거렸다. 나도 당하고만 있을 수는 없었다.
아이가 코 파고 있을 때, 퍼져 자고 있을 때, 멍 때릴 때,
짜증 낼 때 같은 모습을 찍어서 반격했다. 어라, 그러다
사진 안에 내가 들어가는 걸 꺼리지 않게 되었다. 나도
모르는 사이에 말이다. 찍히고 찍다가 익숙해진 것이다.
요즘 핸드폰은 셀카 기능이 얼마나 첨단인지. 빛과
각도만 오묘하게 맞추면 나지만 내가 아닌 모습이 될

수 있다. 혼자만 볼 건데 상관없잖아? 우연히 아들에게
들키면 표정만으로 '여자들이란!'을 외친다.

세상에 늦은 때는 없다더라. 20대에도 안 해본, 못
해본 여우 짓을 이제라도 해보는 거지. 바보같이
그때는 왜 못했을까? 스스로 빛나는 줄 모르고 시절을
흘려버렸다. 잘나가는 남들과 비교하면 인생은
불공평한 법이다. 그러나 '이전'의 나와 '이후'의 나를
비교한다면 얼마든지 공평해질 수 있는 게 또한
인생이다. 10년쯤 뒤에 똑같은 자책을 되풀이하기 전에
지금 실컷 해보련다. '지랄 총량의 법칙'처럼 '여우 짓
총량의 법칙'도 엄연히 존재하는 건 아닐까. 아무렴
어때. 내 여행은 나만의 색깔로 그려질 테니, 비록
불완전하고 유치할지라도 나는 절대적으로 사랑할
테니. 고로 여행은 자백이다. 여우 짓도 자백이다.

카페의
법칙

"커피를 좋아하세요?"라는 물음에, 나는 그렇다고도
아니라고도 할 수 없는 심정이 된다.
좋아한다기엔 커피에 대해 그다지 아는 것이 없다.
좋아하지 않는다기엔 나만의 취향이 뚜렷하다. 커피와
나의 관계란 부정적으론 이도 저도 아닌 '어정쩡한'
사이고, 긍정적으론 아직 '썸을 타는' 관계라고 해야
하나.

주변에 커피깨나 마신다는 사람들 가운데 바리스타
교육을 받은 이가 적지 않았다. 딱히 바리스타가 될
생각은 아닌데 순수하게 커피가 좋아서, 커피에 대해
알고 싶어서 공부를 했다는 것이다. 좀 멋있는걸! 나는
귀를 팔랑거리며 우리 동네 문화센터에 초급 바리스타
과정이 있는지 찾아보곤 했다. 단지 찾아보는 데서
그쳤다. 그들만큼 순수한 열정은 없었다고 해야겠지.
그러나 열정과 상관없이 커피의 선호도는 명확했다.
원두 고유의 다양한 맛이 어우러지면서 특히

신맛이 강한 커피를 좋아한다. 원두를 약하게 로스팅하거나 산미가 강한 종류를 써야 내가 원하는 맛이 난다. 핸드드립 커피의 시작은 오래전 제주도 여행에서부터였다. 게스트하우스 2층에 있던 카페에서 20년 경력의 바리스타를 만난 것이다. 그는 갖가지 원두를 종류별로 내려 맛을 보게 해주었다. 커피에는 쓴맛 외에 고소한 맛, 신맛, 단맛이 공존한다는 걸 알게 되었다. 놀라웠다.

'인생 커피'를 마주친 건 발리 우붓. 카페에서 나는 핸드드립 커피를 주문했다. 바리스타는 어떤 원두를 원하냐며 벽을 가리켰다. 그의 손가락 끝에 인도네시아의 각 지방에서 생산된 원두가 족히 열 개 가까이 진열되어 있었다. 무얼 골라야 할지 몰라서 신중하게 하나를, 찍었다. 마침 지나가던 우연의 신이 축복을 내린 게 틀림없다. 오, 진하디진한 산미와 고소함, 단맛, 쓴맛이 조화된 황홀함이란. 그걸 겨우 500g만 사 왔다니!

에스프레소를 접한 건 3개월의 유럽 여행 중 프랑스에 머물 때였다. 일주일을 같이 지낸 안시의 에어비앤비 호스트가 아침마다 정성껏 에스프레소를 뽑아주었다. 에스프레소는 '사약'에 가까울 거라고 지레짐작했는데 나는 매혹적인 강렬함과 묵직함에 반해버렸다. 유럽에서 돌아온 후로 종종 에스프레소를 마신다.

카페 '라 비엣 커피'

여행은 나를 커피의 세계로 초대했고 나에게도 '커피
취향'이라는 게 생겨났다.

베트남의 커피 중 80%를 생산하는 지역답게 달랏에는
카페가 널려있다. 여행자 숙소가 모여있는 중심가에
유명한 카페들이 많았다. 평범한 골목골목에도 카페가
없는 곳이 없었다. 가히 '1골목 1카페'라고나 할까.
예전부터 달랏은 현지인의 신혼여행지로 꼽히는
곳이란다. 따라서 몰려드는 관광객을 상대하는 카페가
충분했을 것이다.

특이한 건 골목마다 있는 로컬 카페였다. 관광객들
말고 동네 사람들이 모이는 사랑방이었다. 딱딱한
갈색 나무로 만들어진 테이블과 의자는 때가 묻어
반질반질했고, 영락없이 아동용이어야 할 만큼
작고 낮았다. 어둠침침한 내부는 이른 아침부터
진한 커피를 즐기는 사람들로 북적거렸다. 20대
초반의 젊은이들부터 중년의 아저씨, 머리가 허연
할아버지들까지 손님들의 나이는 다양했다. 그런데
전부 남자다.

보통 카페는 여자들로 붐비는 장소 아냐?
베트남에서는 천만의 말씀이다. 카페란 당연히
남자들의 사교장이라는 듯, 나이를 불문한 사내들이
사이좋게 담배 연기를 내뿜으며 수다를 떨었다. 아무
생각 없이 커피 한잔을 마시러 들어갔다가 뒤통수가

커피 농장에서 커피 체리 수확,
로스팅, 핸드 드립까지 커피 투어

따가워 혼났다. 하노이나 호찌민, 다낭 같은 대도시나
관광도시에선 상황이 달랐을 것이다. 달랏 외에도
작은 도시일수록, 시골로 들어갈수록 카페에서 '금녀의
법칙'은 유효했다. 나는 왜 그럴까 궁금했다. 여자들은
어째서 동네 카페에 가지 않을까?

카페인은 여자들에게 해롭다?

나중에 커피 투어에서 해답을 찾았다. 커피 공장 한
켠을 카페로 사용하는 '라 비엣 커피(La Viet Coffee)'는
커피 산지 달랏의 분위기를 제대로 느낄 수 있는
공간이었다. 하루는 카페에서 진행하는 커피 투어에
참여했다. 직접 농장에 가서 커피 체리를 따고 씻고
말리고 로스팅하고 내려서 마셔보는 과정이다.
가이드는 커피에 대한 해박한 지식과 열정이 넘치는
청년이었다. 그에게 아라비카 원두와 로부스타
원두의 차이점이라든가 베트남과 달랏의 커피 생산
현황이라든가 하는 학술적인(?) 설명을 한참 들었다.
내가 궁금한 건 따로 있었다. 로컬 카페의 이상한
법칙에 대한 연유 같은 것 말이다. 그런데 그는 말인지
당나귀인지 모를 궤변을 늘어놓았다. 베트남에서 흔히
마시는 로부스타 원두에 카페인이 아주 많단다(사실이다.
아라비카 원두보다 로부스타 원두가 더 많은 카페인을 함유하고
있다). 카페인은 여자들에게 해롭기 때문에 커피를

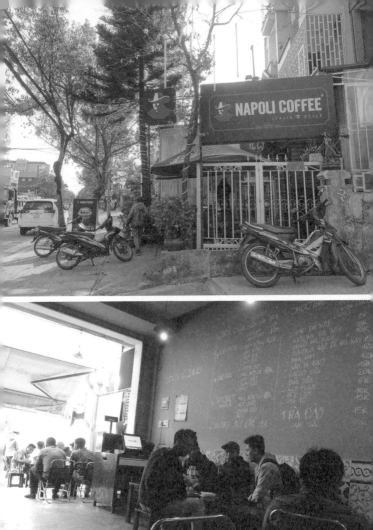

남자들만 이용하는 동네 카페

남자들만 마신다네? 그래서 카페에는 남자들만 가는
거라네? 단번에 그는 '커피 박사'에서 '젊은 꼰대'로
퇴행해버렸다.

이런, 예전에도 비슷한 소리를 지겹게 들었다.
'여자들은 몸에 해로우니 술 먹지 마라, 담배 피우지
마라.' 술 담배가 여자에게 해롭다면 남자에게는
영양제라도 된다더냐? 커피에 든 카페인이 여자에게만
해롭고 남자에게는 건강식이라도 된다더냐? 달랏처럼
작은 동네에서 여자가 남자들만의 카페에 들어간다는
건, 스무 살의 내가 고향 사거리에서 담배를 피우는
것과 똑같은 상황이었다. 가부장적인 사고방식은 현재
베트남에서 버젓이 통용되고 있었다. 재밌는 사실은 그
해롭다는 커피를 한국에선 여자들이 더 많이 마신다는
거지. 그가 온통 여자들로 넘치는 한국의 카페를 보면
뭐라고 할지 궁금하다. 카페인은 핑계일 뿐, 그저
베트남의 남성 문화가 아니냐 되물었다. 그는 마지못해
동의한다. 남자들만의 커피 문화에 '감히' 여자들이
끼어드는 걸 용납하지 않는 분위기, 그게 원인이었다.

내 뒤통수에 쏟아지던 따가운 시선들은 '웬
여자가!'라는 의미였다. 그렇다고 나까지 이상한
법칙을 따라줄 리가 있나. 내게는 '이방인'이라는
편리한 우산이 있었다. 내가 원할 때는 언제라도

우산을 펴들고 당당히 동네 카페에 들어갔다. 남자들이
쑥덕거리거나 말거나, 쳐다보거나 말거나.

이상한 나라의
앨리스처럼

맨날 로컬 카페만 가지는 않았다.
베트남식 연유 커피는 달아도 너무 달아서 금방 싫증이
났다. 연유를 아주 쬐끔만 넣어달라고 부탁해도 내
앞에는 여전히 다디단 커피가 놓이기 일쑤였다. 급기야
나는 연유 말고 진짜 우유를 넣은 커피를 찾아다녔다.
달랏에는 관광객을 위한 질 좋은 커피를 파는 카페가
구석구석 숨어있으므로, 어려운 일은 아니었다.

언덕의 골목길을 돌다가 눈에 뜨인 카페. 정원에는
분홍색 노란색 꽃들이 피었고 연못에는
색색깔의 잉어들이 헤엄쳤다.
아라비카 원두를 커피핀으로
진하게 내려 연유가 아닌(!)
신선한 우유를 넣어준다. 빙고!
나는 찻길 하나를 여유롭게 건넌
뒤 구불구불한 골목길을 걸어가
정원에서 느긋하게 커피를 마시곤 했다.

호수 풍경

뚜옌람 호수가 바로 내려다보이는 카페

큰 카페 안에서 길이 갈라진 작은 카페

어두컴컴한 실내보다 정원에 나와 있는 게 좋았다.
유럽이나 한국에서 먹던 것과 비교해 커피핀으로
내린 베트남식 밀크커피는 색다른 매력이 있었다.
나중에는 아예 내 방에서 직접 만들어 먹기도 했다.
'라 비엣 커피'에서 신선한 원두와 커피를 내리는 핀을,
시장에서 한 움큼의 설탕을, 그리고 동네 슈퍼에서
탈지분유를(우유는 팔지 않아서) 사 왔다. 커피핀에
원두를 진하게 내린 뒤, 탈지분유와 설탕을 첨가한다.
나만의 모닝커피 완성. 깔끔한 드립 커피를 원할 땐
커피핀으로 연하게 내리기만 하면 된다. 선 모닝커피,
후 모닝 쌀국수가 아침의 주요한 일과였다지. 커피의
도시 달랏이기에 누릴 수 있는 기쁨이었다.
달랏에서 내 마음을 완전히 사로잡은 카페를
소개해야겠다. 케이블카를 타고 작은 산을 넘어가면
호수가 짜잔~ 하고 나타난다. 뚜옌람 호수다. 처음
호수에 간 날, 날씨가 얼마나 좋았던지. 전형적인
달랏의 파란 하늘과 하얀 구름만으로 탄성이 터져
나왔다. 베트남에서 찾기 힘든 '맑은' 호수였다. 분위기
있는 경치를 사진에 담느라 한참 호수 주변을 걸어
다녔다. 쨍쨍한 햇살 덕에 그럴싸한 사진 몇 장은
건졌지만, 쨍쨍한 햇살 탓에 지쳐버렸다. '지금, 만나!
당장, 만나!' 노래 가사처럼 '지금 카페, 당장 카페!'를
외치는데 앞에 정말로 카페가 두둥 나타났다. 호수가

눈앞에 내려다보이는 위치. 경치가 끝내준다. 평일이라 손님도 몇 명 없이 조용했다. 호수 옆에 딱 붙은 자리에 앉았다. 하늘이 호수에 그대로 비쳤다. 하늘에도 호수에도 똑같은 구름이 흘러 다녔다. 느릿느릿 움직이는 구름을 들여다보는 게 얼마 만인가. 계수나무 향기처럼 달콤한 온기가 스미는 것 같았다.

자고 가도 괜찮아요

며칠 뒤 또 해가 좋은 날, 그곳을 찾아갔다. 분명히 같은 카페라고 생각했는데 다른 장소였다. 어찌 된 일일까. 입구는 맞지만, 안쪽에서 길이 갈리어 다른 카페로 들어온 것이다. 마트료시카 인형처럼 큰 카페 안에 별개의 작은 카페가 들어있는 형국이다. 하다 하다 이제는 카페 안에서조차 길을 잃는가. 토끼굴에 떨어진 이상한 나라의 앨리스가 된 것 같은 기분이었다. 또다시 우연의 신이 축복을 내렸다, 그것도 두 배로. 홀딱 반할 만큼 마음에 드는 장소였다. 훨씬 작았고 그리하여 더욱 아늑했고 호수와 거리는 겨우 한 발짝이었다. 판타지 영화의 한 장면처럼 발 앞에 호수가 넘실거렸다. 통유리로 햇살이 쏟아졌고 긴 소파에 쿠션이 두 개, 따스한 숄이 한 장. 손님이라고는 나 말고 아무도 들어오는 이가 없었다. 그때 어떤 속삭임이 들렸다. '자고 가도 돼.' 햇빛과 숄을 같이

덮고 누웠다. 잠이 든 것 같기도 하고 아닌 것 같기도
했다. 순식간에 1시간이 지났다. 몸이 가뿐했다.
푹신한 침대에서 8시간을 꽉 채워 자고 났을 때와
비슷했다. 그 카페는 마술처럼 나타나서 긴 여행으로
소진된 에너지를 마법처럼 채워주었다. 참으로 묘한
공간이었다. 참으로 신비한 시간이었다.

앞 장의 질문과 다르게, 카페를 좋아하냐고 묻는다면
망설임 없이 예스다. 여행과 카페의 관계는 노트와
펜처럼 가깝다. 카페 없는 여행을 상상이나 할 수
있을까. 어떤 여행에서든 카페를 빼놓는다면 그 여행은
2% 부족할 거라고, 나는 그렇게 생각한다.

따뜻한 남쪽 나라에서
보내는
겨울의 맛

남들이 막연히 꿈만 꾸는 것을 현실로 이루어내는
사람들이 있다.
혹자는 돈이 많은가 운이 좋은가 따진다. 결국은
모든 게 마음에서부터 시작되는 것을. 돈과 운만이
필요충분조건은 아니리라. 예컨대 시베리아 버금가게
춥다고 해서 '서베리아'라는 신조어가 생기는 한국에서
탈출해, 따뜻한 남쪽 나라에서 겨울을 나는 일 말이다.

달랏 지역에 대해 찾아보다가 그녀의 블로그를
발견했다. 은퇴한 남편과 함께 달랏에서 두 달씩
겨울을 보내고 있단다. 지난해에 이어 두 번째
달랏살이를 하는 중. 그녀, '이 선생님'은 케이블카 옆
한적한 언덕에 집을 빌려 살고 있었다.
따뜻한 남쪽 나라에서 겨울을 보내는 건 누구라도 한
번쯤 품어보는 꿈이 아닐까. 한 가지 문제는 현실의
동남아가 따뜻하다 못해 지나치게 뜨겁다는 거지. 낮에

한적한 언덕 위의 집

돌아다니려면 타는 듯한 햇빛을
감당해야 한다. 밤이 되어야 한결
활동하기 편안해진다. 어쨌든
추위보다 더위를 선택하겠다면
할 말이 없지만. 사람들이 원하는
건 춥지도 덥지도 않은 적당한 기후일
터. 즉 봄가을 같은 날씨. 해답은 달랏의
겨울이다. 달랏 사람들은 겨울이
춥다고 두툼한 파카로 무장한다.

달랏 시장에서 파는
알록달록한 실내화

그러나 우리에겐 별 좋은 가을날. 이보다 좋을 수가.
12월 달랏의 맑은 날은 시원한 공기와 파란
하늘만으로 감탄스럽다. '이 선생님'
부부가 2년째 달랏으로 오는 건 그
때문이다.
나는 달랏에 있는 동안
그녀를 두 번 만났다. 처음에는
선생님의 집주인이 운영하는
Anna's cafe(집주인 이름은 Anna,
딩동댕!)에서, 두 번째는 그녀가
사는 집에서. '여행'과 '한 달
살기'는 비슷하면서 다르다.
기본적으로 '이방인'이라는 건 같지만,
'충분한 시간을 가지고 생활한다'는

크레이지 하우스에서 본
다양한 소품들

점에서 차이가 난다. 따라서 그녀는 방이 아니라 집을
빌렸다. 남편과 자신의 독립적인 방이 각자 있고,
요리할 수 있는 주방과 작은 마당이 있는 집. 작년에
레지던스, 호텔 등에서 지내본 뒤 올해 내린 결론이
하우스였다.

일상의 중력에서 벗어나기

나도 짧지 않은 2주일을 달랏에서 보냈다. '반달
살기'라 해야 하나. 내 딴에는 여유롭게 골목을
탐색하고 거리를 걸었다. 그래봤자 2개월에 비할까.
이들은 작년 두 달 동안 달랏에서 해볼 건 대충 다
해보았다. 남편이 모는 오토바이를 타고서 조그만 달랏
시내야 말할 것 없이, 인근 지역을 대부분 둘러보았다.
그러다 산골이 답답해지면 나트랑으로 달려가 바다에
뛰어들었다. 환상적이었겠다고 부러워하는 소리가
들린다. 하지만 그들이라고 해서 오지 못할 이유가
없었겠나. 발목을 잡는 이유는 많았다. 틀이 잡힌
한국의 생활을 턱 내려놓는 것. 잘 굴러가던 생활의
연속성을 깨는 것. 일상의 중력으로부터 과감히
벗어나는 것. 쉽지는 않았다. 쥐고 있던 것을 내려놓고
포기해야 할 것을 포기하고 얻은 자유였다. 그녀가
빌린 보금자리가 한국인의 기준에서 봤을 때, 그리
안락하다고는 할 수 없었다. 시멘트 바닥이 고스란히

드러나는 방과 주방, 허술한 침대. 도리어 그녀의
기준에서는 호텔보다 안온한 집이었다.

따뜻한 남쪽 나라에서 겨울을 나는 꿈을 이룬
그녀는 이제 다른 꿈을 꾼다. 자신이 누리는 행복을
지인들에게 선물하는 것이다. 평생 여행을 모르고
가족의 테두리 안에서 살아온 여자들을 일주일간
달랏의 집에 초대하고 싶단다. 물론 전 비용은 그녀가
부담한다. 오우, 그릇이 태평양이다. 실은 내가 몇
년간 생각해 오던 것, '결혼휴식 여행'과 꼭 닮았다.
한 분야에서 오랫동안 일을 하면 어느 시점에서 쉬는
시간이 반드시 필요하다. 이른바 안식년. 결혼이라는
기울어진 운동장에서 고군분투하던 여자들도 온전히
휴식하는 시간을 가져야 한다. 육아가 끝나는 시점,
아이들이 스무 살이 될 때가 좋다. 아이도 독립, 나도
독립, 더불어 남편도 혼자서 지내볼 기회를 얻는 거지.
이 선생님 같은 친구를 두었다면 당신은 행운아.
전생에 '한 도시' 정도는 구했어야 올 만한 복이 아닌가.
확실한 건 내가 나에게 주는 것. 최소한 일주일에서 한
달은 되어야 휴식다운 휴식이라 할 수 있다. 자신에게
'결혼휴식 여행'을 선물해보시라. 그동안 참말로
수고했다고. 진정한 자신만의 시간을 누리라고.

나도 그녀를 따라 새로운 꿈을 그려본다. 내가 만약

한국의 추운 겨울을 통째로 피해서 어디론가 떠난다면, 무더운 도시는 아니리라. 나야말로 추위도 싫고 더위는 더더욱 거절하는 사람이거든. 아마 달랏쯤이 되지 않을까. 가능하면 소박한 집 하나를 빌려야지. 그다음 결혼휴식 여행을 꿈도 꾸지 못하는 여자들을 한 명씩 불러내야지. 그녀 같은 친구가 내게는 없다만. 내가 누군가에게 그녀 같은 친구가 되어줄 순 있겠지. 가까운 '언젠가'를 조심스레 꿈꾸어본다.

숙소가
집이 된 순간

"Busy lady!"

완전 무장해제된 표정으로 잇몸을 드러내 웃으며 던진
말. 지금, 나한테, 심지어, 농담을(!), 했어? 숙소에 묵은
지 2주일이 되는 날이다. 나는 그녀가 농담을 할 줄
안다는 걸 처음 알았다. 내게 이런 날이 오다니.

밤 10시. 달랏 공항에서 시내로 들어가는 셔틀버스는
이미 운행이 끝났다. 할 수 없이 택시를 탔는데 차 한 대
없는 텅 빈 거리를 왜 그리 빙빙 도는지. 읍내처럼 작은
달랏 시내에서 택시 기사는 길을 찾지 못하는 건지 안
찾으려고 하는 건지 헷갈렸다. 덕분에 택시비가 3만
원이나 나왔다. 오 마이 갓! 바가지를 쓴 거다. 첫날부터
달랏은 내게 불친절한 도시였다. 겨우 숙소 문 앞에
들어서는데 주인장의 태도가 뭔지 모르게 묘했다.
"어휴~ 엄청 피곤하네요."
나의 말에 그는 웃으면서 여권을 달라고 했다. 그러나

그의 태도는 "쓸데없는 소리 늘어놓지 말고 여권이나
보여주시지! "라고 말하는 듯했다. 와, 웃는 얼굴로
찬바람이 쌩쌩 돌기는 참 어려운데, 그 어려운 일을
그는 잘도 해냈다. 대꾸 없는 요구에 겸연쩍어진 나는
얼른 여권을 꺼냈다. 아까 택시에서 내릴 때부터 내
가방을 소 닭 보듯 하고 있더라? 손님을 맞이하는 숙소
주인이 짐부터 받아 들어야 하는 거 아니야? 그는 나를
방으로 안내하는 순간까지 나 혼자 짐들을 옮기게
놔두었다. 여러 숙소를 거쳐왔지만 이런 대접은 받아본
적이 없었다. 나는 그의 태도가 은근히 거슬렸다.
'까짓것 짐을 안 들어줄 수도 있지. 그게 뭐 큰일이겠어.'
스스로 달랬으나 이후에도 주인장과 그의 아내는,
영업적인 미소와 달리 심하게 쌀쌀맞았다. 주인 부부의
행동이 껄끄러웠던 데 비해 방은 나무랄 데가 없었다.
연노랑과 연하늘색으로 깨끗하게 칠해진 벽과 새하얀
침구, 푹신하고 편안한 침대. 거기에다 소나무 숲이
내다보이는 풍경, 우리 집 수돗물처럼 콸콸 쏟아지는
뜨거운 물. 결정적으로 방값이 저렴했다. 가성비를
따지면 갑 중의 갑. 때문에 나는 2주일 동안 차마
숙소를 옮기지 못했다.
어느날 입맛에 맞는 커피를 내려 마실 작정으로
커피핀을 사 왔다. 그러나 내 방의 유리잔과 커피핀의
크기가 맞지 않았다. 나는 주인장의 아내에게 큰

숙소 창문 바깥으로 보이는 풍경

라 비엣 커피에서 사온 커피핀
창가 테이블에 앉아 커피를 내려마셨다

머그잔 하나를 빌려 달라고
부탁했다. 그녀는 세상에
별소리를 다 들어본다는
얼굴이었다.

"당신 방에 유리잔이
있잖아요? 그걸 써요!"

"커피핀이 유리잔과 맞지 않아요.
잔이 작아서 쓸 수가 없네요."

커피핀으로 내리는
베트남식 커피

"왜 안 된다는 거죠?! 그 유리잔을
쓰세요!"

아니, 내가 말이야, 엉? 15일이나 장기 투숙하는
손님인데, 그깟 머그잔 하나 못 빌려준다는 게 말이
돼? 화가 치민 나는 유리잔과 커피핀을 가져와 안 맞는
걸 눈앞에서 확인시켜 주었다. 그제야 알겠다는 듯
슬그머니 머그잔 하나를 내어준다. 미안한 기색이나
사과의 말이 없었던 건 물론이고. 어쨌거나 매일 아침
숙소를 나설 때마다 부부는 미소 띤 얼굴로 나에게
"Good morning!" 또는 "Hello!"라고 인사를 건넸다.
나는 그들의 미소를 믿고는 싶었으나 도저히 믿을 수가
없었다.

Busy lady! 한마디에 담은 진짜 얼굴

머그잔 사건과 비슷한 일이 두어 번쯤 계속되고 나서,
나는 다른 숙소를 알아보았다. 아무리 방이 맘에
들어도 아닌 건 아니다. 아직 기간이 남아있었다.
그치만 하루라도 다른 곳에서 자보고 싶었다. 그리하여
찾아낸 달랏대학교 근처의 빌라 호텔. 깨끗하고
가격이 합리적이었다. 마당에는 잘 가꾸어놓은 정원이
푸르렀고, 방에는 긴 책상이 있어 글을 쓰거나 사진을
정리하기에 그만이었다. 인터넷 속도도 빠르고 직원도
친절했다. 만족스럽게 우선 하루를 예약했다. 드디어
새 방에서 자는 날. 침대에 누웠는데, 웬일이지?
기분이 이상하다. 멀쩡한 내 집 놔두고 불편한 남의
집에 얹혀있는 느낌이랄까? 도무지 예상하지 못한
감정이었다. 모든 면에서 나은데 왜? 머릿속에 자꾸
물음표가 찍혔다. 하, 말로만 듣던 미운 정인가!
첫 숙소에 너무 오래 있었나 보다. 자꾸만 내 방이
떠오른다. 밉상 맞은 부부의 얼굴마저 떠오른다.
안타깝게 새 숙소는 방음이 하나도 되지 않았다.
옆방에 묵던 현지인 가족의 일거수일투족을 밤이고
낮이고 강제로 알게 되는 상황이란. 안 되겠다.
하루 만에 다시 집으로 돌아왔다. 그래, 이 정도면
숙소가 아니라 집이다. 아래층에서 마주친 주인장이
안부를 물었다. "어젯밤에 어디 갔었어요?" 엘리베이터

앞에서 만난 아내도 "어제는 뭘 했어요? 왜 안 들어 왔어요?" 엥, 걱정했다는 표정이네? 이 사람들이 나에게 관심을 가지다니, 나는 내심 놀랐다. 그러던 며칠 후, 그녀가 나에게 농담을 던진 거였다. 영업용 미소 속에 감춰둔 자신의 얼굴을 드러내고서. 'Busy lady!' 그 한마디는 '좁은 동네에서 날마다 어딜 그렇게 쏘다니니? 넌 정말 신기한 여자야!'라는 뜻을 담고 있었다. 떠나기 하루 전에야 거짓 없는 웃음을, 그것도 농담과 함께 보여 주었다. 막판에 그들의 솔직한 얼굴을 볼 수 있어서 나는 안도했다. 다행이다. 그 지점까지 참 오래 걸렸다.

여행지에서 만나게 되는 사람들이 항상 친절할 수는 없지. 가끔 무례한 이도 마주치고 불퉁거리는 숙소 주인에게 당첨되기도 하는 것이지. 지금껏 나는 이 부부를 세모꼴 눈으로만 쳐다보았다. 그들에게 다른 면이 있을 거라고 상상도 하지 않았다. 차갑게 행동하기까지 나름의 과정이 있었을 텐데. 그동안 왔던 아시아인(혹은 한국인) 여행자들이 밤늦도록 시끄러웠다거나 컵을 빌려 가서는 깨 먹었다거나 혹은 주인 부부를 무시했다거나…… 고약하고 형편없는 손님들도 얼마나 많은가. 그들로부터 방어할 필요를 느끼기도 했을 테고 그들로 인해 편견도 생겼을 것이다. 인간이란 어제는 착했다가 오늘은 나빠지기도

달랏의 항응아 크레이지 하우스

하며, 더욱이 착함과 나쁨 사이에는 한마디로 규정할
수 없는 여러 가지 모습이 겹쳐있다. 내가 어떤 얼굴을
마주하느냐에 따라 상대는 이런 사람도 되고 저런
사람도 된다.

여행이 매번 웃음과 호의를 보내지 않는다는 걸
알면서도, 나는 불친절한 타인 앞에서 바르르 떠는
사람이었다. 어디 여행뿐이랴. 살아오면서 숱하게
비슷한 상황을 겪었다. 그럼에도 가벼이 털어내지
못했다. 겉모습 외에 이면을 깊이 들여다보기는 쉽지
않았다. 성숙해지려면 멀었다. 타인에 의해 흔들리는
여행이라면 여전히 나는 초보 여행자인 게야. 타인을
바꿀 수는 없으나 타인을 바라보는 나의 시선은 바꿀
수 있다. 달랏에서는 무엇보다 내가 먼저 달라져야
했다.

커피 투어

커피를 좋아한다면 달랏에서 반드시 해야 할 것 1순위. 유명한 카페 '라 비엣
커피'에서 진행하는 커피 투어는 카페 전용 농장에서부터 시작한다. 커피
체리를 따고 씻고 말리고 볶아서 내리는 전 과정을 체험할 수 있다. 투어
비용은 다소 비싼 편(약 5만원). 현지인 가족이 운영하는 유기
농 커피농장(K'Ho Coffee, Son Pacamara Specialty Coffee 등)에서 보다 저렴한
가격으로 커피 투어를 할 수 있다. 기업형 커피 농장에서 커피만 마시는
투어도 있으니 유의할 것.

카페 체험

커피 산지답게 관광객을 대상으로 하는 고급스러운 카페가 많다. 거리를
여기저기 걷다가 마음에 드는 카페가 나오면 망설이지 말고 들어가 보자.
베트남식 커피핀으로 내린 아라비카 커피를 맛보는 것은 특별한 즐거움이다.
골목마다 눈에 띄는 로컬 카페도 도전해보길. 남자들만 있어서 조금
부담스럽지만, 달고 진한 원조 로부스타 커피를 맛볼 수 있고 진짜 로컬
체험을 할 수 있다.

호수 즐기기

시내 중심부의 쑤언흐엉 호수는 조경이 잘 되어 있다. 옆에 플라워 가든이
붙어 있어 호수와 정원을 동시에 즐길 수 있다. 산 풍경을 감상할 수 있는
케이블카를 타고 뚜옌람 호수에도 꼭 가볼 것. 맑은 호수에 푸른 하늘과 하얀
구름이 비치는 풍경이 일품이다.

달랏 시장

시내 중심가에 있는 상설시장. 노점 식당에서 현지인과 함께 앉아 쌀국수를
먹어본다. 2층 기념품점에서는 나무 조각 열쇠고리에 이름을 새겨준다.
저렴하고 독특해서 강추. 주인아주머니가 상냥하고 솜씨도 좋다. 달랏의
특산품인 아티초크 차도 잊지 말 것. 구수하고 달큰한 맛이 매력적이다.
날씨가 예상외로 쌀쌀하면 시장에서 스웨터를 사 입어도 좋다. 밤에는
먹을거리 위주의 야시장이 열린다.

달랏대학교

한국어학과가 있는 국립대학. 교정을 거닐다 학생식당에 들러 보자. 간단한
식사와 커피를 판다. 베트남 대학생들의 현재 모습을 구경하는 재미가 있다.
후문 근처에는 현지인에게 인기 있는 맛집이 모여 있다.

랑비앙 산

호아빈 광장 뒤쪽의 버스 정류장에서 로컬 버스를 타고 간다. 버스 시간이
맞지 않으면 주변의 오토바이 기사를 섭외한다. 산 입구의 매표소에서
정상까지 지프차가 운행된다. 혼자라면 지프차를 탈 것(걸어가면 오르막길
3~4시간). 매표소 왼쪽 언덕 위에 'LANGBIANG' 이라는 커다란 글자를
세워 놓았는데 사진 찍기 좋은 장소. 산의 정상에서 내려다보는 경치가
아름답다.

자수 박물관

아는 사람만 가는 자수 박물관. 마치 그림처럼 섬세하고 아름다운 예술품이
즐비하다. 무료 구역만 구경하지 말고 유료 구역까지 둘러 보기를 추천한다.
최고 품질의 자수 작품과 함께 멋진 미로 정원까지 즐길 수 있다. 시내와
떨어져 있어 오토바이(또는 택시)로 가야 한다. 맞은편에 TTC World가 생겨
시내로 돌아가는 택시를 잡기가 쉬워졌다.

베트남의 이마트 'Big C Da Lat' 구경

마트 외에 식당, 영화관, 오락실 등 복합 쇼핑몰 형태. 내부는 한국의 마트와
비슷하다. 특별한 점은 바로 외부. 넓은 광장 위에 노란 달걀 껍질 모양의
돔형 건물이 솟아있다. 쑤언흐엉 호수 바로 앞이니 호수를 걷는 김에 잠깐
들리면 된다.

그랩 바이크 타는 법

그랩으로 오토바이나 택시를 부를 때 내가 서 있는 위치를 잘 찾지 못하는
경우가 많았다. 인근 건물 사진을 보내거나 주소를 찍어주는 게 확실하다.
주소를 모르면 주변 현지인에게 적어달라고 부탁하자.

대도시

거주자

호찌민
그리고 다낭

내 영혼이
적응할 틈

믿을 수 없게 밤을 꼬박 새웠다.
얌전히 침대에 누운 채로 단 한 시간도 잠들지
못했다. 밤새 '생각'이라는 작은 벌레들이 멈추지 않고
머릿속을 헤집고 다녔다. 짙은 안개 속에서 헤매는
것처럼 답답했다. 관자놀이와 머리 전체가 조이는 듯
통증이 몰려왔다. 서서히 방이 환해지고 있었다. 말이
안 된다. '도대체 뭐가 문제야?'

어제 호찌민에 도착했다. 지난번에 연이은 2주 만의
방문이기에 비자가 필요했다. 나는 준비해 둔 E-비자로
무탈하게 입국장을 통과했다. 핸드폰 유심도 베트남
걸로 갈아 끼웠고 공항 내 ATM에서 당분간 쓸 돈을
인출했다. 지난달 달랏에서처럼 바가지 택시도 안 탔고
저렴한 공항 셔틀버스로 시내까지 수월하게 도착했다.
예약해둔 숙소는 이내 찾았고 직원은 사근사근했다.
명백히 모든 과정이 매끄러웠다고 장담한다. 무릇
완벽에 가까운 여행 첫날이다. 그런데 왜 잠을 못 자는

조용하고 친절했던 호찌민 숙소

거냐고!

따지고 보면 옆방이 밤 12시까지 시끄럽기는 했다.
겨울 나라에서 갑자기 여름 나라로 넘어와 온도에
적응하는 데도 시간이 걸렸다. 에어컨을 켜면 추웠다가
끄면 더웠다가 반복해서 금방 잠들기엔 무리가
있었다고 치자. 그래도 그렇지, 어제 새벽 5시에 일어나
종일 움직였단 말이다. 최소한 밤에는 몇 시간이라도
자야 하는 것 아닌가. 밤새도록 점점 또렷해지는 이
의식은 뭐지? 몸은 파김치인데 의식이란 놈이 잠들지

못하는 이유는 뭐란 말인가.

사람들은 여행을 자주(그래 봐야 일 년에 한두 번) 다니는
내가 여행에 특화된 신체 조건을 가지고 있을 거라
짐작한다. 배낭을 메고 여기저기 쏘다녀도 지치지
않는 체력과 머리만 대면 노상에서도 꿀잠을 잘 수
있는 능력과 어떤 음식이라도 거침없이 소화시킬
위장 정도는 타고난 줄 아는데 전혀, 착각이다. 명색이
여행작가라면 그 정도는 되지 않겠냐는 기대는 가당치
않다.

미안하게 일단 배낭부터, 못 맨다. 여행 초창기에는
'배낭족'이었지만 몇 년 전 큰 수술 이후 '캐리어 족'으로
갈아탔다. 위장도 매우 약하다. 남들보다 기능이 현저히
떨어져서 조금씩 먹어야 한다. 소화불량은 어릴 때부터
고질병이었다. 특히 수면 조건이 취약하다. 시끄러워도
더워도 추워도 잘 못 잔다. 때로는 아무 이유 없이 못
잔다. 증상은 나이 들수록 심해졌다.

내 여행의 새로운 조건

그럼에도 불구하고 여전히 여행을 다닐 수 있는 건
나름대로 대비책이 있기 때문이다. 배낭여행이라고
해서 꼭 배낭을 메지 않아도 괜찮다. 요즘엔 작은
기내용 캐리어로 시골 오지를 가는 것도 가능하다.
이전에도 체력이 약했고 지금이야 말해 뭣하리.

그래서 내 속도에 맞춰 천천히 다닌다. 무리한 일정에
매달리지 않는다. 여행지에서는 하루에 몇 시간씩 걷는
게 예사이므로 외려 소화불량이 치유된다. 자동으로
다이어트까지 성공, 얼쑤! 게다가 가리는 음식이
없어 이국의 낯선 요리를 꺼리지 않는다. 장기 여행에
한국 음식을 싸 들고 간 적은 없었다. 골칫거리인
수면 문제에 대한 대책은 일차적으로 조용한 숙소를
구하는 것이다. 시설, 청결도는 까다롭게 신경 쓰지
않는다. 일단 방이 조용하면 합격이다. 다음으로 너무
덥거나 너무 춥지 않으면 된다. 이런 조건이면 대체로
무난하게 잘 수 있다.

그런데도 불면에 시달릴 때는 난감하기만 하다. 그래,
이유는 무슨. 이유일랑 내려놓고 차분히 내 안을
들여다보았다. 불현듯 오래전에 읽은 인디언 이야기가
떠올랐다.

인디언들은 말을 타고 달리다
이따금 말에서 내려 자신이 달려온 쪽을 한참 동안
바라보았다 한다.
말을 쉬게 하려는 것도, 자신이 쉬려는 것도 아니었다.
행여 자신의 영혼이 따라오지 못할까 봐
걸음이 느린 영혼을 기다려주는 배려였다.
그리고 영혼이 곁에 왔다 싶으면

그제서야 다시 달리기를 시작했다.
– 박민규 《죽은 왕녀를 위한 파반느》 중에서

인디언처럼 말도 아니고 고속 비행기로 바다와 대륙을
건너 다섯 시간을 넘게 날아왔다. 단순히 공간을 옮긴
것을 넘어 시간마저 달라졌다. 나는 그대로인 것
같은데(엄밀히 말해 나도 이전의 내가 아니다) 나를 둘러싼
시간과 공간이 완전히 바뀌는 것. 그 안에서 나의
영혼은 잠시 혼란에 빠졌나. 몸은 여기로 왔지만,
영혼이 아직 따라오지 못한 걸까. 어쩌면 한창 바다를
건너는 중인지도 모르겠다. 나는 멀리 있는 영혼에게
말했다. 네가 돌아올 때까지 너의 몸은 얌전히
기다리고 있을 테니 걱정 말라고. 찬찬히 오라고.
아무리 여행의 시대라지만 시공간을 바꾸고 모르는
언어와 낯선 얼굴들 사이로 들어서는 건, 언제나 쉽지
않은 것을. 몸에게도 영혼에게도 적응할 '틈'이 필요한
게야. 안달하지 말고 여유롭게 주인답게, 기다려줄
테다.

대도시가
싫다

증상이 심해졌다.

대도시를 거부하는 증상. 예전이라고 딱히 대도시를
좋아하지는 않았다. 크고 세련되고 으리으리한
도시보다 작고 소박하고 조용한 도시에 끌렸다.
평생 복잡한 대도시에서 살았던 사람과 평생 한가한
소도시나 시골에서 살았던 사람은 어떻게 다를까?
대도시에 오래 살아 질려서 싫을 수도, 대도시가
익숙하지 않아 낯설어서 싫을 수도 있겠다. 뒤집어
생각해보면 똑같은 이유로 익숙해서 좋을 수도,
낯설어서 좋을 수도 있겠다. 재밌네, 이유가 중요한 게
아니었어.

나는 대부분의 생을 소도시에서 살다시피 했다. 고향인
충주에서 19년을, 제2의 고향인 과천에서 26년을
살았다(제1의 고향과 제2의 고향의 자리를 맞바꾸어야겠다).
나머지 몇 년은 서울과 안양에서 지냈다. 올해는 제주
시골 행원리에서 일년살이를 하고 있다. 나는 이제

낮에 카페에서 내려다 본 부이비엔 거리

8시가 넘어서자 갑자기 화려해진 부이비엔 거리
곳곳에서 공연이 펼쳐진다

소도시용 인간이 되었나 보다.
베트남에서 대도시는 거쳐
가는 길목이지 머무는 장소가
아니었다.
지난달 호찌민에 왔을 때는
숫제 시내에 들어가지 않았다. 공항
근처에서 하룻밤을 자고 다음 날 아침

가족 밴드에서
노래하는 소녀 가수

귀국행 비행기에 올랐다. 지금은 두
번째 방문, 변함없이 숙소 부근에서만
서식 중이다. 다음 날이 되어서도 여전히 침대에서
뒹굴었다. 전날 밤에 한숨도 못 잤기 때문에 아침에
조금이라도 자보려고 안간힘을 썼다. 소용없었다.
내일 갈 숙소를 찾아서 예약하고 샤워를 하고 나니
오후 2시 반.

이상하게 정이 안 간다

이 일대는 일명 '맥주 거리'로 알려진 '부이비엔' 거리.
배낭여행자 숙소가 밀집해 있다. 밥을 먹은 뒤 소화도
시킬 겸 주위를 한 바퀴 돌았다. 거리는 방콕의 '카오산
로드'를 닮았다. 그보다 덜 소란스럽고 더 넓다는 점을
제외하면. 아들과 아프리카 여행에서 돌아온 후 카오산
로드에서, 정확히는 옆 샛길 '람부뜨리 로드'에서
20여 일간 머물렀다. 그곳은 네팔과 미얀마 여행을

준비하기에 알맞은 베이스캠프였다. 카오산 로드는
소문난 '배낭여행자의 메카'답게 사람 혼을 쏙 빼낼 듯
시끄럽고 정신이 없었다. 그에 비해 람부뜨리 로드는
내 집, 내 동네 같은 푸근함이 있었다.

8시가 넘어서자 부이비엔 거리는 별안간 화려해졌다.
레스토랑과 바에서 간판 조명을 켰고 길에다 의자와
테이블을 내어놓았다. 거리의 시작과 끝 지점에
울타리가 세워졌다. 밤에는 오토바이와 차들의 통행을
금지하고 워킹 거리로 변하는 것이다. 낮의 부이비엔이
특색 없이 밋밋하다면 밤의 부이비엔은 '이게 진짜 내
모습'이라고 말하는 것 같았다.

곳곳이 작은 공연장으로 바뀌었다. 설핏 보아도
가족이 분명한(서로 얼굴이 닮았다) 밴드가 등장했다.
노래를 부르는 가수는 열 두어 살로 보이는 어린 소녀.
격려하듯 뒤에 선 두 남자는 바이올린과 기타를 들었고
다른 한 명은 드럼을 맡았다. 간간이 삑사리를 내며
소녀는 꿋꿋하게 여러 곡을 불렀다. 저쪽 편에서는
고전 의상을 입은 사람들이 중국식 경극을 하고
있었다. 영화 〈패왕별희〉에 나오는, 가늘고 높은
음으로 노래하는 경극과 똑같았다. 베트남어로 하는
경극이 낯설게 느껴지다가 또 그럴듯해 보이기도 했다.
사람들은 길가의 테이블에서 맥주를 마시거나 나처럼
사진을 찍으며 돌아다녔다. 거리는 귀청이 울리도록

시끄러웠다. 1시간쯤 지났을까? 그만 되었다는 생각이 들었다. 한 번은 호기심에 구경하겠지만 매일 하라면 절대 사양이다. 나는 골목 맨 끝쪽에 박힌 조용한 내 숙소로 재빨리 돌아왔다.

이상하게 이 거리 부이비엔은 정이 안 간다. 그동안 이미 베트남 소도시의 매력과 마력에 빠져버렸다. 정겹고 소박한 사람들, 산책하기 좋은 한가한 도로, '한꿱, 한꿱'이라고 소곤대는 속삭임, 대놓고 편안한 분위기. 여기는 그런 게 없다. 이런, 대도시가 눈에 차질 않는다. 박물관이라도 가보려고 했으나 아무 의욕이 나질 않았다. 이런, 대도시 거부증이 심해졌다. 마침내 나는 대도시 거부자가 되어버렸나. 새삼 놀랄 일이다. 난 이제 도도하고 세련된 도시 여행자에서 완전히 밀려나는 건가? 그것도 나 스스로? 오, 마이 갓.

맛집
유감

여행지에서 굳이 맛집을 고집하지 않는다.
어쩌다 보니 맛집 특유의 분위기를 좋아하지 않게
되었다. 적은 양에 비싼 가격. 당신이 아니라도 올
손님은 많다는 태도. 거대한 규모. 지나친 북적거림.
한마디로 매력 없다. 유명세에 반해 실망한 경험이
많아서 맛집은 점점 관심에서 멀어져 갔다.

호찌민에 도착한 날. 분짜가 유명한 식당으로 저녁을
먹으러 갔다. 인근을 산책하는 김에 들른 것이다.
세련된 인테리어에 손님은 전부 외국인. 직원들의
능숙한 영어와 친절한 응대가 과연 소문난 맛집다웠다.
분짜를 시켰는데 맙소사, 양이 병아리 눈물밖에 되지
않았다. 나는 먹는 양이 적어서 웬만하면 하나의
음식으로 모자라지 않는 편이다. 그런데 간에 기별도
안 갔다. 할 수 없이 다른 메뉴를 또 주문했다. 그건
생쥐 코딱지만큼 나오더라. 누가 이기나 해보자는
심정으로 세 번째 메뉴를 시켰다. 세 가지 음식을 먹고

호찌민의 어느 골목
맛집 대신 찾은 작은 시장

시장에서 먹은 음식들

나서 겨우 배고픔을 면했다. 가격은 우리나라 돈으로
2만 원에 가까웠다. 왠지 눈 뜨고 사기당한 듯한 건,
그냥 기분 탓인가?

다음 날은 맛집 따위 깨끗이 잊어버리고 시장에 갔다.
실은 숙소 앞 골목을 2분쯤 걸어갔을 뿐. 앞에 작은
시장이 불쑥 나타났다. 오후 2시 반이 훨씬 지난 데다
아침밥도 건너뛴 나는 배가 고파 쓰러질 지경이었다.
노점 중 아무 곳이나 들어가 앉았다. 내가 좋아하는
퍼 보가 전부 팔리고 없다. 베트남의 점심시간치고
늦어도 많이 늦었다. 나는 옆 사람이 먹는 걸 가리켰다.
소고기가 들어간 볶음국수다. 면발이 라면처럼
생겼는데, 겁나 맛있다! 오렌지 주스와 함께 먹으니
터질 듯 배부르다. 가격은 모두 2,500원. 어쩔 수 없이
난 시장 체질이야. 음흉한 남자처럼 나는 속으로
흐흐흐 웃었다.

절대 미각과는 거리가 먼 사람

다낭의 대표 음식은 역시 미꽝이지. 현지인들의
평점이 높은 서민 식당을 알아놓았다. 비 오는데 장장
25분을 걸어서 '찾아간' 미꽝 맛집이었다. 베트남
기준으로 늦은 저녁이었는지 손님은 두어 명. 양은
적지만(왜 맛집은 모두 양이 적을까?) 기대했던 대로
맛이 좋았다. 그런데 직원이 로봇 같았다. 알루미늄

가면을 쓴 것처럼 표정이라고는 하나 없이 딱딱한
얼굴. 기계적인 몸짓. 불필요한 말은 한마디도 섞지
않겠다는 철벽이 느껴졌다. 매일 얼마나 많은 손님을
응대했는지, 그러느라 얼마나 시달리고 지쳤는지, 소리
없이 소리지르는 모습. 로봇처럼 굴지 않으면 견뎌낼
수 없다고 말하는 듯했다. 직원만 보면 면발이 목에 콱
막히는 느낌이었다. 이 미꽝은 분명 맛있는데 동시에
그 저녁 식사는 맛이 없었다.

빈롱의 강변 커피숍, 가이드북에 나오는 맛집이다.
목이 좋았다. 강과 바로 붙어 있어 시원한 바람을 쐴
수 있었다. 진한 커피와 저렴한 가격 또한 손님이
몰려드는 요인 같았다. 그런데 불손하기가 베트남
여행 중 다섯 손가락 안에 든다. 딱히 친절하지 않아도
몰려드는 손님들로 아쉬울 게 없는 상황이다. 손님은
너무 많았고 직원은 너무 적었다. 그러니 그들은 늘
피곤했을 테고. 직원들은 우리의 불친절이 싫으면 손님,
네가 나가라는 태도였다.

맛집 방문이 열에 일곱은 즐겁지 않았다. 내가
유별난 걸까. 맛이 있으니 맛집으로 소문이 났겠지.
하지만 맛조차 소문과 달리 평범한 곳이 있었고. 맛이
뛰어나도 일하는 사람이 아주 힘들어 보이거나 반대로
지나치게 고압적인 자세라면 입맛이 확 떨어진다.

혹은 내 뒤에서 기다리는 사람들로 인해 후다닥 먹고
나가줘야 할 것 같은 부담감도 거절한다. 밥을 입으로
먹는지 코로 먹는지 모를 소란함도 좋아하지 않는다.
식당을 오로지 맛 하나로 평가하는 경우 맛집이
최고겠지만, 나는 절대 미각과는 거리가 먼 사람이다.
그저 다정하고 소박한 사람들이 일하는 곳, 서둘지
않고 편안하게 먹을 수 있는 곳, 적절한 가격과 평범한
미각을 만족시키는 맛 정도면 충분하다. 음, 이게 더
까다로운 조건인가.

감당하지 못할
무게의 짐

기차가 움직이자 내 가방이 굴러가려고 했다.
나는 급하게 그것(24인치 여행 가방)을 다리 사이에
집어넣어 붙들었다. 다낭으로 가는 기차 안이었다.
저 짐 덩어리를 선반에 올리고 싶은데 들 수가 없다.
이제껏 기차를 탈 때마다 도와주던 친절한 베트남
남자들을 떠올리며 주위를 둘러보았다. 그러나, 기대를
무너뜨리고 아무도 움직이지 않는다. 망했다.

여행 가방을 싸는 데는 자신이 있었다. 6개월 장기
여행의 배낭 무게가 9kg이 채 되지 않았을 정도였다.
짐 싸기는 프로급이라 자부했다. 다만 이번엔 사정이
달랐다. 사계절 옷을 챙겨야 해서 평소보다 짐이 확
늘었다. 겨울옷, 봄가을옷, 여름옷을 두루 넣었고
무릎담요와 미니 전기장판까지 가져왔다. 난방시설이
없는 베트남 북부, 중부의 겨울 날씨에 대비해야
했으니까. 체감온도는 실제보다 훨씬 낮다고 해서
추위를 많이 타는 나로서는 겁을 먹었다. 베트남으로

잘못 싸면 짐 덩어리가 되는 여행 가방

여행 간다고 하면 한여름 날씨만 떠올리지만, 지역에 따라 날씨가 들쭉날쭉한다. 하여 내 힘으로 들어 올릴 수 없는 무게가 탄생한 것이었다. 가방을 다리 사이에 끼고 이러지도 저러지도 못하는 내가 답답했나. 복도 맞은편에 앉아있던 젊은 남자 1이 "그거, 선반 위에 올리면 돼요." 하는 손짓을 했다. 아니 내가 그걸 모르는 게 아니라고요. 나는 겸연쩍게 웃으며 표정과 몸짓으로 "나도 올리고 싶지만 무거워서 할 수가 없네요"라고 대답했다. 그 꼴을 지켜보던 나이 지긋한 남자 2가 젊은 남자 1에게 큰소리를 내었다. "지금 힘이 모자라 못 올리는 게 안 보이남? 어여 벌떡 일어나 올려주지 못혀?!" 베트남 말을 모르는데 그가 하는 말이 전부 이해되었다. 여행 중에 번번이 경험하는 신기한 현상이다.

승강장에서도, 기차 안에서도
짐은 처치 곤란

여행자의 본분을 잊지 않기를

꼼짝없이 혼나는 모양새가 된 젊은 남자 1. 어색하게
웃으며 내 가방을 선반 위에 올려주었다. 그에게도
무거웠는지 낑낑거리자 옆에 앉았던 남자 3이 도왔다.
나의 여행 가방(혹은 짐 덩어리)은 무사히 제 자리에
안착했다. 나는 남자 1, 2, 3 모두에게 진심을 담아
감사하다고 인사했다.

가방에 관한 뒷얘기를 마무리해야겠다. 평년보다
따스한 날씨 때문인지 수시로 올라오는 갱년기의 열감
탓인지 힘들게 가져온 겨울용품들은 쓸 일이 없었다.
쓸모도 없는 짐들을 끌고 다니느라 남들에게까지
괜한 부담을 준 셈이다. 이런 경우를 두고 머피의
법칙이라고 하던가.

애초에 혼자서 올리지도 내리지도 못할 무게의
가방이라니. 그래서 누군가의 도움을 꼭 받아야만
하다니. 그야말로 이기적이다. 자신이 감당 못 할
무게의 가방을 끌고 다니는 사람은 여행자로서
실격이 아닐까 싶었다. 내 여행 가방을 볼 적마다
자주 부끄러움을 느꼈다. 당연히 누군가 도와주겠지
하는 기대감이 스멀거릴 때, 내가 꼴사나웠다. 호의가
계속되면 권리인 줄 안다던가? 어느새 나는 베트남
사람들의 도움을 자연스레 받아들이고 있었다. 여행업

종사자가 아닌 이상, 보통의 시민들이 다른 나라에서
온 여행자에게 으레 친절해야 한다는 법이라도 있던가.
내게는 그들에게 친절을 요구할 권리가 없고 그들
역시 내게 친절을 베풀어야 할 의무는 없다. 때때로
그것을 잊어버린다. '친절'이란 받으면 감사하지만 받지
못한다고 해서 내어달라고 조를 수는 없는, 일종의
'선물' 같은 것이다. 여행자는 낯선 타국에서 별수
없이 약한 자의 입장이 된다. 그런데도 간혹 자기가
강자인 줄 착각한다. 여행자는 을, 현지인은 갑. 주인은
그들이고 여행자는 잠시 세 들어 지내는 이방인일 뿐.
자신의 본분을 잊지 말도록. 스스로 거듭 일깨웠다.

지극히 사적인 팁
다낭

아오자이 구입하기
다낭의 한 시장(Chợ Hàn)에서 아오자이를 맞추어보자. 연한 색깔보다 진한
색깔이 훨씬 날씬해 보인다는 점을 기억할 것. 원단은 자신이 직접 고르는
게 좋다. 가게 주인장의 의견을 따라가면 베트남 현지인의 취향이 물씬
반영된다.

숨어서
반짝이는

넌빈과

빈

시에스타를
싫어하는 남자와
좋아하는 남자

"오, 지금 나에겐 시에스타가 필요해!"
한쪽이 말하자 다른 한쪽이 손가락을 흔들며 말했다.
"나는 절대 시에스타를 하지 않아!"
그런 뒤 두 사람은 한꺼번에 주장했다.
"그래도 나는 완벽한 스패니시야!"

작은 나룻배에 덩치 큰 남자 두 명과 함께 막 올라탔을
때는 서먹했다. 내 뒤에 앉은 두 사람은 소곤소곤
둘만의 이야기를 했다. 그들의 언어로 스페인 사람이란
걸 알았다. 스패니시라, 의외로 조용한걸, 속으로
중얼거렸다. 뱃사공이 내게 어디서 왔냐고 물었다.
"from Korea"를 듣자마자 "오우, 한국인!" 스페인
손님 둘과 베트남 뱃사공, 남자 셋이 다 같이 외쳤다.
뱃사공은 한국인에게 영문 모를 호감이 있는 듯했고,
스페인 사람들도 '우리가 한국인이라면 또 좀 알지.'
하는 얼굴이었다. 뭐, 왜 이리 한국인이 유명한 건데?

"우리는 스페인 이비자에 살고 있어. 파티로 유명한 남쪽 섬 이비자 알지? 거기에 한국 젊은이들이 많이 놀러 오거든. 그리고 나는 크리스티안, 이 친구는 니꼴라이야"라고 설명했다. 두 남자는 내숭(?)을 겸한 배려를 내려놓고 전형적인 스페인

전형적인 스패니시
니콜라이와 크리스티안

사람답게 수다를 떨었다. 나도 질세라 전형적인 한국 아줌마의 수다를 보탰다. 우리 셋은 짝짜꿍이 잘 맞는 한 팀이었다, 여기 짱안에서.

짱안을 유람하는 세 가지 보트 투어 중 나는 제일 긴 1번 루트를 골랐다. 굳이 짧은 코스를 가야 할 만큼 바쁘지 않은 여행자니까. '느리게 여행하기' 과목이 있다면 마땅히 1등급을 받았을 텐데. 3시간이 걸리는 1번 루트를 포함해 짱안의 모든 보트 투어는 오직 노를 저어 다닌다. 베트남 어디에서나 울려대는 시끄러운 모터 소리에서 잠시나마 해방된다. 몸을 옥죄는 코르셋을 벗어던져버린 여인의 심정이 이럴까? 속이 다 시원했다! 굽이굽이 흐르는 연둣빛 강물 사이로 나지막한 봉우리 섬들이 흩어져있었다. 구름이 끼었다가 물러갔다가 하는 사이로 햇빛이 들락거렸다.

배는 천천히 그리고 고요히 흘러
다녔다. 비단결 같은 바람이
쉴 새 없이 얼굴을 간질였다.
나는 눈을 감고 두 팔을 벌려
바람과 풍경을 들이켰다.
채색한 동양화 속에 풍덩 들어가
있는 것만 같았다. 무릉도원이
실제로 존재한다면 여기는 그
길목쯤 될 터였다.

보트 투어 티켓

하롱베이 투어에서 카약을 타고 섬 사이로 떠다녔던
신선놀음 시간이 생각났다. 짱안 투어야말로 뒤지지
않는 신선놀음이라 할 만했다. 그래서인지 강을 따라
석회암 바위산들이 늘어선 땀꼭과 짱안을 '육지의
하롱'이라 부른다. 노련한 사공은 뱃길을 서두르지
않았다. 중간에 잠깐씩 배를 세워 사원을 몇 개
구경했다. 그 틈에 손님도 사공도 쉬어갔다. 다시 배가
출발하고 여러 개의 수상 동굴을 통과했다. 동굴이
내 앉은키보다 낮아서 배가 지나갈 때마다 완전히
엎드려야 했다. 사진을 찍거나 대화를 나누다가 미처
천장을 못 보면 사공님이 소리쳐 주의를 주었다.
그러면 손님 세 명은 "Get down, Get down!"이라고
크게 외쳐댔다. 잔잔한 전원 드라마에서 돌연 총탄을
피하는 전쟁영화로 장르가 바뀌었다. 우리는 주로 전원

손님들을 기다리는 짱안의 보트
투어 중에 들른 사원에서 만난 불상

신선놀음이 떠오르는 투어
투어를 마치고 내리는 관광객들

드라마를 찍다가 간혹 전쟁영화를 찍으며 놀았다.

한국에서 상상하기 힘든 여행 메이트

"그런데 말이야, 그거 한국 글자니?"

크리스티안이 내 수첩을 가리켰다. 내가 틈틈이
메모하는 걸 지켜본 모양이다. 활달하게 말하는 건
크리스티안이었고 니꼴라이는 이따금 끼어들었다.
나는 한글에 대해 간단히 설명했다. 세종대왕이라는
위대한 왕이 만든 한국 고유의 글자라고. 즉석에서
수첩에다 '크리스티안'과 '니꼴라이'를 한 장씩 써서
나눠주었다. 그들은 미지의 나라에서 온 사신에게
희귀한 선물이라도 받는 듯한 눈빛이었다. 쪽지를 받아
가슴의 호주머니에 고이 집어넣었다.

니꼴라이는 불가리아 출신으로 어릴 적 스페인으로
이민을 왔단다. 우리의 대화는 각 나라의 언어로
이어졌다. 나는 '땡큐'가 불가리아어로 뭔지 궁금했다.
프랑스어인 '메르씨'와 불가리아어인 '블라고다리아'를
같이 쓴다고 한다. 흥미로운걸, 프랑스 영향을 받았나
보다. 나도 '감사합니다, 안녕하세요?' 등을 알려주었다.
'건배'는 스페인어로 '살룬'이고 불가리아어로는
'나즈드라베'였다. 세 명의 입에서 서툰 불가리아어,
스페인어, 한국어가 튀어나왔다. 크리스티안은
놀랍도록 한국어 발음이 정확했다. 정식으로 가르치면

금방 배울 것 같았다. 당신, 그거 알아? 오늘 한국어에 대한 엄청난 소질을 발견한 거라고!

정작 그는 오늘의 대단한 발견을 깨닫지 못하고 "있잖아, 니꼴라이가 내 직장 보스야, 하하하~" 웃었다. 크리스티안의 직업은? 바텐더. 니꼴라이는 이비자에서 꽤 유명한 바를 운영한다. 그러니까 사장님과 직원은 같이 5개월간 동남아 여행을 하는 중이었다, 그것도 오토바이로. 한국에선 상상하기 힘든 관계가 아닐까. 사장님과 직원이 격의 없는 친구 사이인 것도, 함께 오토바이 장기 여행을 떠나는 것도. 내가 살아온 사회와 확연히 다른 사고방식과 삶의 태도를 만나는 일은, 언제나 유쾌하다.

어느덧 배는 출발점으로 돌아왔다. 아름다운 뱃놀이였다. 나는 하롱베이 투어 이상으로 짱안 투어에 높은 점수를 주고 싶었다. 제2의 신선놀음은 막을 내렸으나 우리는 헤어지기가 아쉬웠다. 그 길로 닌빈 시내로 달려가 점심을 같이 먹었다. 먹으면서 이야기는 또 이어지고……. 음, 배부르고 등 따시면 졸려지는 거다. 불가리아 출신 니꼴라이는 시에스타가 그립다며 하품을 하고 스페인에서 나고 자란 크리스티안은 절대 낮잠을 안 잔다고 자랑한다. 그새 니꼴라이가 몰래 내 밥값까지 계산을 해버렸네. 깜짝 놀라 사양하는 나에게 구식 젠틀맨 니꼴라이가 말했다. "요즘 젊은 애들은 안

그러지만, 자고로 남자란 여자한테 밥을 사는 거야. 난
젠틀맨이거든. 오늘 너를 만나서 특별한 경험을 했고
네가 준 선물도 정말 고마웠어."

자기가 진짜 스페인 사람이라고 주장하는 두 명의
스페인 남자는 겨울에 이비자에 오라고 했다. 온통
관광객으로 넘치는 여름보다 겨울이 낫다고. 한적하고
따뜻해서 맘에 들 거라고. 나는 〈겨울에 가기 좋은
따뜻한 남쪽 나라〉 목록에 이비자를 추가했다. 한산한
니꼴라이네 바에서 크리스티안이 만들어 주는
칵테일을 마시는 날을 상상하면서.

느리고 비효율적인
여행자

이쯤에서, 그가 화를 낼지도 모른다고 생각했다.
벌써 두 번이나 투어를 연기했다. 일부러 그런 건
아니었다. 상황이 어쩔 수 없었다. 나의 여행 속도는
느렸고 체력은 금방 바닥나곤 했으니까. 그의 입장에서
나는 아주 느리고 비효율적인, 그다지 반갑지 않은
손님이었을까.

닌빈 시내의 작은 호텔(이라기보다는 게스트하우스)은,
예약사이트의 후기에 따르면 매니저가 유능하고
친절하기로 소문난 곳이었다. 낮 12시쯤에 도착했는데
나를 맞이한 건 어수룩한 청년이었다. 그는 이런저런
관광지를 소개하며 투어를 권했다. 땀꼭, 짱안 외에도
닌빈에는 국립공원, 유적지, 동굴, 사원 등 생각보다
알찬 볼거리가 많았다. 닌빈으로 말하자면 하노이의
일일 투어 관광지로만 알려졌다. 그러니 4일을
예약한 나는 갖은 투어가 가능할 정도로 시간이 많아
보였겠지. 투어라야 목적지까지 왕복할 쎄옴(오토바이

택시) 기사를 연결해주는 것이다. 어차피 오토바이 운전은 내 능력 밖의 일이라 기사가 필요하긴 했다. 그들이 정해놓은 루트가 온종일 진행된다는 점이 나에겐 탐탁치 않았다.

나는 오전에 어딘가를 열심히 다녀오면 오후에는 '어이구, 수고했네'라며 쉬어야 한다. 본래부터 계획에 맞춰 용의주도하게 움직이는 편은 아니었다. 네팔 여행에서도 그랬다. 아들과 나는 포카라에 19일을 눌러있었다. 남들 다 하는 히말라야 트래킹도 하지 않았다는 사실을 알고 나면 사람들은 '너희들이 과연 사람이냐 나무늘보냐?' 하는 표정이 된다. 다들 19일 동안 포카라에서 '도대체, 뭘, 했냐'고 물어본다. 아, 우리가 무얼 했더라? 아침 늦게까지 침대에 달라붙어 있다가 길거리 손수레에서 파는 뜨거운 찌아(네팔식 밀크티)가 생각나서 쪼르르 뛰어나갔던가. 페와 호수 옆으로 둘러 난 길을 하릴없이 날마다 어슬렁거렸던가. 그러다 내킬 땐 노 젓는 나룻배를 빌려 탔던가. 햇빛과 바람이 번갈아 들어오는 한적한 카페에서 오후 내내 글을 썼던가. 혹은 우리가 찍은 사진 속에서 웃고 있는 사람들의 얼굴을 하나하나 들여다보았던가. 나무늘보치고는 많은 것을 한 것 같기도 하고 욕심내는 여행자로서는 별것을 안 한 것 같기도 했다. 애초에 나의 여행은 (짧은 시간에 많은 곳을

둘러보는) 효율성과는 거리가
멀었다.

어쨌든 왜 내가 투어를
두 번이나 연기했는지
털어놓아야겠다. 닌빈에
오자마자 뜻밖의 의욕적인
직원에게 동화된 나머지, 나는
오후에 '잠깐' 가까운 곳을
다녀오겠다고 했다. 그는 항무아를
추천했다. 점심 식사 후 시간에 맞추어 오토바이
기사가 데리러 오기로 했다. 눈치챘으려나, 이건
평소의 나답지 않은 결정이었다.

숙소 입구에 걸린
닌빈 지도

한 가지 소소한 불편을 빼곤 무리 없는 시작이라고
생각했다. 내가 예약한 4일 중 오늘 하루만 다른
방에서 자야 한다는 것 말이다. 그 정도쯤이야.
점심을 먹고 짐을 풀어놓고 나갈 준비가 끝났을 무렵,
누군가 예약을 취소해서 당장 내 방을 쓸 수 있단다.
항무아에 데려다줄 오토바이 기사가 오기 전에 방을
옮기기로 했다. 꺼내놓은 물건들을 급하게 가방에
쑤셔 넣고 있는데, 뭔가 이상했다. 달러와 신용카드가
들어있는 지갑이 보이지 않……는다? 싸던 짐을 다시
풀어 샅샅이 뒤졌다. 처음 짐을 풀었을 때 어디에다
두었더라? 지갑을 찾기 전에는 방을 떠날 수가 없었다.

오토바이 기사는 도착했는데 나는 아직 짐을 옮기지
못했고, 지갑은 여전히 나오지 않았고. 이럴 수가,
총체적 난국이었다. 문득 장점인지 단점인지 모를 나의
습관이 떠올랐다. 지나치게 물건을 잘 보관해서 결국
찾지를 못하는 것. 어쩌면 의식하지 못하는 사이에
지갑을 어딘가에 안전하게 모셔놨을 것이다. 아마도.
급히 방을 옮겨야 하는 상황에서 그 어딘가를 깜빡
잊었을 것이다. 아마도. 수납 팩을 열어 옷을 한 장
한 장 다시 꺼냈다. 티셔츠와 바지 사이에 얌전하게
지갑이 들어가있었다. 아까 두 번이나 뒤엎을 때는
나타나지 않더니……. 지갑 분실(?) 사건은 어이없이
해결되었다. 하지만 나가기도 전에 진이 빠져버린 나는
항무아 일정을 내일로 연기했다.
다음 날 오전, 가볍게 항무아만 다녀오고 싶었다.
이번에는 유능한 매니저가 오전에 짱안, 오후에
항무아를 가는 일정을 내밀었다. 어제 일방적으로
투어를 취소한 게 미안해서 거절할 수가 없었다.
그런데 짱안 투어에서 유쾌한 스페인 남자들을 만났지
뭔가.
짱안 투어로 하루치 에너지를 죄다 써버렸다. 게다가
새로 사귄 스페인 친구들이 점심을 같이 먹자고 하는데
거절할 내가 아니다. 더이상 항무아는 중요하지 않았다.
만약 항무아가 사람이었다면 "넌 내게 모욕감을 줬어!"

소리쳤을 것이다. 상관없이 나는 그들과 함께 보낼
시간에 들떠있었다. 거듭 미안하지만, 항무아를 다음
날로 또 연기할 수밖에.

유능함 외에도 친절하기로 소문난 매니저는 화를 내지
않았다. 고마운 일이다. 그는 닌빈의 관광지를 하나라도
더 보려고 애쓰는 여행자들을 많이 겪었을 것이다.
그래서 최소한의 시간에 최대한의 만족을 안겨 줄
루트를 고민했을 테지.

실은 처음부터 말을 했다. 나는 '하루에 한 가지만'
하겠다고. 그러자 그는 의아하다는 얼굴로 알려주었다.
그렇게 하면 비용이 더 든다고. 나는 다시 말했다. 적은
비용으로 많은 곳을 가는 일에 흥미가 없다고. '느리게
조금만' 보아도 괜찮다고. 그가 권하는 빠르고 효율적인
여행이 나에게 오히려 비효율적인 여행이 될 확률이
높았다. 어차피 여행지에서 모든 것을 다 해볼 수도
가볼 수도 없다. 여행자는 필연적으로 어떤 것들만
선택해야 하고 어떤 것들은 포기해야 한다. 선택했으면
전적으로 믿어야 하고 포기했으면 미련 없이 놓아야
한다. 나는 선택과 포기 사이의 엄정한 관계를 잘 알고
있었다.

저질 체력 혹은 환자 체력을 오가는 내 신체 상태에
걸맞은 느린 산책을 즐긴다. 관광지에 발자국을 남기는

것은 뒷전이고 맛집과 쇼핑에 관심이 없다. 그런
면에서 나는 욕심 없는 여행자다. 우연히 만나 친구가
된 사람들과 웃고 이야기하는 시간을 놓칠 수 없다.
수줍은 동네 꼬마들이 다가오면 풍선을 불어줘야 한다.
오전에 이 도시의 멋진 곳에 다녀왔다면 오후에는
길모퉁이 카페에 앉아 노트를 펴야 한다. 딴 건 몰라도
시장의 노점 쌀국수를 꼭 맛봐야 한다. 경험상 나에게
최고의 맛집이므로. 그런 면에서 나는 욕심 많은
여행자다. 나에게 효율적인 방식이란 욕심 없음과 욕심
많음의 경계를 자유롭게 오가는 것이다. 그것이 내게
딱 맞는 옷처럼 느껴지기 때문이다. 가끔씩 유능하고
친절한 직원들에게 홀려 다른 선택을 하기도 하지만.
나중엔 '역시!' 이마를 치며 제자리로 돌아온다.

용의 날개를
부여잡고

내가 생각해도 별나다, 별나.
여기까지 기어 올라오는 사람들은 20대 초반으로
보이는데, 나는 어쩌자고 이러고 있는 걸까?
승천하려는 용의 등짝을 붙들고 아슬아슬하게
매달렸다. 여행만 나오면 없던 힘이 솟는다. 그나저나
어디서 본 듯한 풍경이다. 맞다, 패러글라이딩을 타고
하늘을 날아다닐 때와 같은 느낌이다. 완전 공중에서
세상을 내려다보는 것.

내가 두 번이나 모욕감을 주었던, 그렇지만 나에게
아무런 원망도 못 했던 항무아. 드디어 그곳에 왔다.
항무아는 땀꼭 인근의 석회암 바위산이다. 입구에
연못과 공원을 아기자기하게 꾸며 놓았다. 여전히
구름과 해가 숨바꼭질하는 중. 그러나 구름이 다소
우세한 편. 우기인 것을 감안하면 선방인 셈이다.
500여 개의 돌계단을 올라 전망대로 갈 차례였다.
나는 달팽이처럼 느리게 움직였다. 계단이 힘겨워

항무아 입구의 연못

나무 그네를 타는 여행자 둘
색색의 등이 달린 연못 위의 다리

멈추고 사진 찍느라 멈추고
경치를 감상하느라 멈추고.
오를수록 내려다보이는
땀꼭 전경이 얇은 막을
덮어놓은 것처럼 흐릿하게
나타났다. 구름 낀 우기의
한계였다. 맑은 날이었다면
기가 막힌 경관이었을
텐데. 또한 기가 막히게
더웠겠지.
그 와중에 야외촬영하는
신랑·신부가 보였다. 신부는
사진이고 뭐고 지쳐 죽겠다는
표정이다. 무거운 웨딩드레스를

항무아 바위 앞에서
웨딩 촬영 중

입고 많은 계단을 오르려니 얼마나 고역이겠어(신랑은
참을 만하다는 얼굴이지만). 지나가던 외국인 여행자들이
같이 사진을 찍자고 하면 한결같이 달콤한 미소를
지어주었다. 힘든 건 힘든 거고 웨딩드레스를 입은
신부는 아름다운 여신이어야 하니까요. 무시무시한
사진 기사는 땀 흘리는 신랑·신부를 위험천만한
칼바위 한가운데로 몰아넣고 일생일대의 작품을 찍고
있었다. 신랑·신부여, 부디 살다가 칼바위 길처럼
험난한 시절을 만날지라도 결국은 지금처럼 환하게

웃을 수 있기를.

사실 전망대까지 가는 길이 그리 멀지는 않았다. 워낙 천천히 가서 그렇지, 막 바로 올라가면 30분 정도에 주파하겠다. 울 동네 청계산의 봉우리 매봉보다 가까웠다. 사람들이 힘들어하는 건 오로지 태양 때문이다. 하늘 아래 통째로 드러난 그늘 하나 없는 바위산. 구름에 걸려져 내려오는 햇빛인데도 기세가 등등했다. 흐린 날이라고 남국의 태양을 무시하면 큰코다친다.

세상의 주인이 된 기분을 만끽하는 세 가지 방법

전망대 정상의 작은 정자 안에 흰색의 관세음보살상을 모셔놓았다. 여행자들은 그 아래 앉아서 쉬었고 베트남 사람들은 향을 피우고 기도를 했다. 반대편 정상에 6층 석탑이 보였다. 그러니까 항무아는 양 갈래로 갈라진 두 개의 정상을 가지고 있었다. 나는 도중에 저쪽 편 석탑도 들르고 싶었지만, 중간에 포기했다. 아래에서 기다리는 쎄옴 기사님 때문이다. 숙소에서 연결해준 항무아 투어는 2시간짜리였다. 내 속도로는 2시간을 넘길 판인데 너무 늦어지면 곤란하니까. 오토바이를 빌려서 직접 몰고 다니면 아쉬움이 없을 텐데. 하지만 자전거도 겨우 타는 나에게 오토바이 운전은 그림의 떡. 자고로 자신의 다리가 가장 믿음직한 법이지.

여러 가지로 부러운 게 많아졌다. 생전 처음 수영이
부러웠고 오토바이 운전까지. 흑.

전망대에 부처님만 계신 것이 아니었다. 날카로운
바위에 길게 걸터앉은 용 한 마리. 비와 농사, 번영을
상징하는 용 석상이었다. 내 눈에는 승천을 준비하는
것처럼 보였지만 말이다. 아래쪽 계단이 시작되는
곳에도 알록달록한 용이 난간 대신 앉아있었다.
향무아에는 두 마리의 용이 살고 있군. 아래로 땅을
지키고 위로 하늘을 지키는 것처럼. 용의 등줄기를
중심으로 양쪽에 서로 다른 풍경이 펼쳐졌다. 한쪽은
물이 찬 논들과 저 멀리 붉은색 지붕의 집들이
모인 닌빈 시내가, 다른 한쪽은 땀꼭의 절경이
흐르고 있었다. 나는 땀꼭 대신 짱안을 갔다. 만약
땀꼭을 선택한다면 바로 저 강을 유람하는 것이다.
굽이쳐 흐르는 강물을 따라 짙푸른 작은 산들이
겹겹이 이어졌다. 가물가물하게 겹쳐진 봉우리들이
신비로웠다.

위로 오직 하늘뿐이었다. 바람이 불어 머리카락이
휘날렸다. 이마에 흐르는 땀은 어느새 멈추었다. 용의
에너지를 받은 걸까. 나는 용의 날개를 부여잡고
바람과 하늘과 경치를 만끽했다. 가슴이 뻥 뚫리는 것
같았다. 같은 정상이라도 정자에서는 이런 느낌이 나지

전망대 위에서 내려다 본 풍경

항무아를 오르다 쉬어가는 사람들
전망대 위의 용 석상

않았다. 반드시 용 옆에 서야만 한다. 거기가 명당이다. 미드 〈왕좌의 게임〉에서 용의 어머니 대너리스 여왕이 은발을 휘날리며 용을 타고 날아다녔지. 나는 할 수 있는 한 오래도록 용의 날개에 붙어 있고 싶었다.

비행기 창문으로 보이는 풍경은 영화 보듯 방관하는 기분이다. 여기서는 조물주라도 된 것처럼 품 안에 세상이 가득 차 있는 느낌이었다. 나는 세상의 주인이 된 듯한 기분을 느끼는 세 가지 방법을 깨달았다.

1. 용의 어머니가 되어 용을 탄다.
2. 패러글라이딩을 한다.
3. 항무아에 오른다.

당신은 무엇을 고르시겠어요?

그래서
시장 여행자가
된다

연필을 꺼내어 자신이 여행지에서 하는 일을 적어보자.
멋진 전망대에 오른다, 누구나 알 법한 랜드마크를
방문한다, 유명한 박물관을 관람한다, 화려한
야경을 감상한다, 이 도시만의 맛집을 탐방한다,
아기자기한 기념품을 쇼핑한다……. 나라면 맨 위에
'시장을 구경한다'라고 쓰고 밑줄을 쫙쫙 칠 테다.
언제부터인지 모르겠다. 다른 건 다 했는데 시장
구경이 빠졌다? 나는 그야말로 중요한 일을 못 한 것
같은 허전함에 시달린다.

내가 향하는 곳은 닌빈
시장이다. 구경은 물론이고
특별히 사야 할 게 있었다.
그렇다, 나는 아직 롤 빗을
포기하지 않은 것이다. 나란
여자, 의외로 집착이 강한 여자.

닌빈 시장의 입구

닌빈 시장에서 파는 생활용품과 농산물

시장을 찾는 건 누워서 떡 먹기, 아니 앉아서 떡 먹기다.
우리가 짐작하는 모습 그대로니까. 한국의 재래시장과
비슷하다. 건물의 지붕에는 '닌빈 시장'이라고 빨간색
글자를 세워 놓았다. 근방에 크리스마스트리와
반짝거리는 장식을 파는 가게가 보였다. 여름 나라의
크리스마스라? 참, 이 동네는 겨울이지. 적어도
베트남의 북부 지역은 겨울의 크리스마스가 맞았다.
일단 롤 빗이 급하다. 철물점 앞 간이용 의자에
아기를 곱게 재워놓은 젊은 엄마가 보였다. 철물점
주인이리라. 손짓으로 머리를 빗고 돌돌 마는 흉내를
내면서 "브러쉬?"라고 물어보았다. 짐작대로 그녀는 내
말을 선뜻 이해했다. 같은 여자끼린 못 알아들을 리가
없다. 어떤 상황에서건 '보디랭귀지'는 최고로 유능한
언어였다. 그녀 역시 손짓으로 방향을 일러주었다.
꽃가게를 지나 양말과 브래지어를 쌓아놓은 매대가
나왔다. 거기서 다시 한번 흉내를
냈더니 옆 가게를 가리켰다.

드디어, 마침내, 이윽고.
클레오파트라 앞머리를 한
여자가 선반에 가득 쌓여있는
롤 빗을 들어 보였다. 심봤다!!
가격은 문제가 되지 않았다.
깟바 섬에서는 절대 없다는 소리를

간절히 찾던 롤 빗 발견!

들었는데 비싼들 어떠하랴. 팔아만 주신다면 감사하죠!
나는 롤 빗이 대단한 보물이라도 되는 양 여러 장의
기념사진을 찍었다. 과하게 기뻐하는 나를 보고 덩달아
기뻐하는 클레오파트라 님. 자신도 모르는 사이에
그녀는 나의 은인이 되었다.

여행 더듬이가 가리키는 방향으로

룰루랄라 가벼운 마음으로 본격적인 시장 구경에
나섰다. 용과, 망고, 전통모자인 논, 울긋불긋하게 엮은
바구니, 빗자루, 마늘, 생강, 푸른 채소, 생활용품 등
없는 거 빼고 다 있다. 시장이래봐야 별다를 게 있을까.
어느 도시나 고만고만하다. 그런데도 나는 도저히
시장을 빼먹을 수가 없다. 참말로 기묘한 일이다.
시장을 한 바퀴 돌아 바깥 골목에 들어섰다. 노점
식당과 작은 가게들이 자리한 위로 햇빛을 가리는 파란
덮개가 펄럭였다. 어두운 골목 틈으로 눈부신 햇살이
내려앉았다. 어디선가 때아닌 웃음소리가 크게 들렸다.
가슴속에서 터져 나오는 통쾌한 웃음. 흔하지 않은
웃음소리였다. 아, 나의 '더듬이'가 씰룩거린다. 뭔가
재미난 일이 벌어지는 순간을 감지하는 '여행 더듬이'
가 작동하기 시작했다. 이럴 때는 이유 불문하고
더듬이가 가리키는 방향으로 가야 한다. 그곳엔 뭔지
모를 '그것'이 있을 테니까. 가령 우연한(혹은 필연적인)

시장의 구석진 골목

만남 같은 것?

카메라를 들고 두리번거리는 나에게 그들이 먼저
다가왔다. 장사를 파한 듯한 여자들이 손짓해 나를
불렀다. 머리에 꽃무늬 두건을 쓰고서 신나게 떠들며
웃는다. 오, 저건 고스톱 판이네. 고스톱처럼 보이는
카드 판이었다. 오후 3시가 넘었다. 보통 새벽부터
장사를 시작해 지금쯤은 파장인 셈이다. 열 명이 넘는
여자들 중 반 정도는 카드를 치고 나머지는 구경을
한다. 어쩜 카드를 치는 모양새가 화투짝을 내려치는
거랑 똑같다. 고된 일과를 마치고 잠시 휴식을 즐기는
서민들의 분위기는 우리나라나 베트남이나 다를 게
없구나.

그들이 영어를 못 알아들으니 내가 베트남어를 해야
했다. 할 줄 아는 베트남어 중에 잘 통할 것 같은
단어는 '한꿕'이다. '한국'이라는 말. 나를 가리키며
"한꿕!"이라고 외쳤다. 다들 "아, 한꿕" 하고 알겠다는
표정이다. 그 후로 질문이 쏟아졌다. 베트남어로.
오, 마이 갓. 나에게 가능한 베트남어는 기본적인
인사말 몇 마디가 전부였다. 나는 핸드폰의 번역
앱으로 베트남어를 설정하고 내밀었다. 게중 젊은
여인이 글자를 쳤다. 아쉽게 한국어로 번역이 되지
않았다. 아마 문법이 맞지 않았던 모양이다. 통역이고
뭣이고, 손짓 발짓이 제일 빠르지. 나는 카메라를

열어 시장에서 찍은 여러 가지 사진을 보여 주었다.
그녀들이 웃으며 눈을 반짝였다.

한 사람씩 사진을 찍어주면 좋아하겠다는 생각이
스쳤다. 카메라를 들어 올려 손가락으로 찰칵찰칵 찍는
시늉을 했다. 첫 번째로 오케이를 한 사람은 뜻밖에
조용조용 웃고만 있던 분이었다. 카메라 앞에서 타고난
모델처럼 여유로운 미소를 지었다. 외유내강이라는
말이 저절로 떠올랐다. 나는 그녀의 사진을 그들에게
즉시 보여 주었다. 아름다움을 알아보는 눈은 다
같은가 보이. 앞을 다투어 자기 사진을 찍어달라고
나섰다. 원하는 사람들은 한 사람씩 차례로 사진을
찍어주었다. 반전은 가장 호탕하게 웃고 목소리가
크던 여인이었다. 막상 카메라를 들이대니 표정이
얼어붙었다. 겉으로 큰소리치는 사람이 실상 겁은
많구나. 이왕이면 곱게 나와야죠. 내 입 끝을 양손으로
벌리며 이렇게 웃으라고 했다. 그녀는 마침내 배시시
웃었다. 카메라 화면에 나타난 자신의 얼굴을 보곤
다시 한번 크게 웃었다.

시장에서 만난 사람들 사진을 한 사람씩 찍어주었다

내 피에 숨은 시장 유전자

이 맛에 내가 늘 시장 여행자가 된다. 시장에서 나는
구경꾼이기도 하거니와 직접 물건을 사는 손님이다.
종종 과일이나 옷(혹은 롤 빗) 같이 필요한 것들을 사러
다닌다. 시장은 구경거리를 넘어서 '실전, 여행의
현장'이다.

아름다운 그녀들의 사진을 인화해서 갖다 주었으면
좋았을 것을. 다음 날 남쪽 도시로 떠나는 일정이라
여유가 없었다. 그들의 주소라도 적어올 걸 그랬다.
한국에 돌아와 우편으로 보내줄 수 있었을 텐데. 미처
생각을 못 했다.

우리 부모님은 수십 년 동안 시장에서 가게를 하셨다.
품목은 건어물, 신발, 중국 음식 등으로 여러 번
바뀌었다. 그분들은 평생 장사꾼이었다. 어린 나는
하루에도 몇 번이나 시장을 오갔다. 엄마를 보기
위해 시장에 가야 했다. 집과 학교 다음으로 자주
들락거리는 곳이었다. 어쩌면 그때 내 피 속에 시장
유전자가 스며들었을지 모르겠다. 나이 들수록 어릴
때 즐겨 먹던 음식이 제일로 맛있는 음식이 된다고
한다. 절대적인 맛이란 존재하지 않는다. 얼마나
'익숙한' 맛인지가 얼마나 맛있는가를 결정한다. 음식의
선호도처럼 장소의 선호도도 그렇게 결정되는 건
아닐까.

더불어 시장에서는 사람들의 '살아있는 표정'을 볼
수 있다. 평범한 사람들이 굳건히 살아가는 모습을.
여행자가 정말로 알고 싶은 건 그런 게 아닐까. 적어도
내가 궁금한 건 그런 모습이다.

이래저래 나는 시장이 좋다. 시장에서 먹는 밥이 세상
맛있다. 시장에 가서 필요한 물건을 사고 밥을 먹고
사람들의 일상을 지켜볼 때마다, 내 여행이 실한
알맹이들로 채워지는 느낌이다. 그리하여 나는 자석에
이끌리는 바늘처럼 시장에 끌리는 것이다.

도시 1.5의
존재감

여행지이면서 여행지가 아닌 도시가 있다.
발을 들이긴 하지만 둘러보거나 머물지는 않는다. 즉
존재감이 없는 곳, 아무 기대도 하지 않는 곳. 도시
1에서 도시 2로 이동하는 중 1.5 정도에 끼어있는 운명.
닌빈에서 다음 목적지인 동허이까지 기차로 8시간이
걸린다. 하루에 5시간 이상의 이동은 하지 않는 게
나만의 규칙이었다. 나는 지도에서 중간에 걸려있는
도시에 동그라미를 쳤다. 좋아, 여기서 잠깐 내렸다
간다. 닌빈에서 4시간이 걸리는 빈(Vinh)이었다.

빈에 대해서 아는 것이 1도 없었다. 내가 산
가이드북에도 나와 있지 않았고 베트남 여행
카페에서도 언급된 적이 없었다. 분명한 건 관광도시가
아니라는 것, 그래서 여행자들이 가지 않는 도시였다.
그렇다 한들 사람 사는 곳인데 하룻밤 거쳐 가는 게
뭐 어렵겠어. 어차피 다음 날 일찍 기차역으로 직행할
예정이었다. 고로 잠만 자면 그만이었다.

택시를 타고 기차역 근처에
있는 숙소에 내렸다. 저렴한
숙박비가 의심스러울 만큼
번듯한 호텔이라는 데 놀랐다.
로비만으로도 기대 이상인데.
노란색 아오자이 유니폼을 입은
아리따운 프런트 데스크 직원은
대한항공 승무원 같은 태도로 손님을
맞이했다. 속으로 한 번 더 놀랐다.

빈의 초록색 택시

그녀는 정중하게 여권을 보여달라고 말했다. 나도
예의 바른 미소를 지으며 가방에서 여권을 꺼내려고
했다. 이 시점에서 내가 세 번째로 놀랄 줄이야. 마땅히
있어야 할 자리에 여권이 없었다. 미소고 뭐고 얼빠진
표정으로 가방을 마구 뒤졌다. 끝내 여권은 나오지
않았다.

그때 번쩍 뒤통수를 후려치는 기억. 오늘 아침 닌빈의
숙소에서 여권을 돌려주지 않았다! 베트남은 별스럽게
체크인을 한 후 숙소 측에서 여권을 보관한다.
현장에서 복사하거나 사진을 찍은 후 돌려주는 숙소도
있다. 가져가거나 돌려주거나 반반이다. 닌빈의 숙소는
전자였다. 물론 체크아웃할 때 다시 돌려주어야 한다.
유능하기로 소문난 매니저였다면 실수를 하지 않았을
텐데. 마침 의욕은 넘치나 어리바리한 청년 직원이

체크아웃을 해준 게 사달이었다. 그는 손님의 여권을
돌려주는 '막중한 임무'를 잊어버린 것이다.

교통사고처럼 잘잘못을 따져볼까? 숙소 측이 70, 손님
측이 30? 손님이 깜빡했어도 당연히 숙소 측에서
돌려주어야 했고(처음에 그들이 가져갔으니), 손님 역시
스스로 여권을 챙겼어야 했다(비록 숙소 측이 내어주지
않았어도). 어쨌거나 애초에, 헷갈리게 남의 여권은 왜
가져가냐고! 그동안 한 번도 여권을 잃어버린 적이
없었다. 이래 봬도 소지품은 철저히 관리하는 성격이다.
나는 평소처럼 내가 가지고 있을 거라 믿었다.

베트남에서 여행자는 체크인을 하는 순간 당분간
여권이 수중에 없다는 사실을 반드시 기억해야 한다.
자칫 여권을 찾으러 되돌아가야 할 수도 있다. 그래서
나는 닌빈으로 돌아갔을까?

노란 아오자이 그녀의 빈틈없는 서비스

허둥대는 나에게 노란 아오자이의 그녀는 차분하게
말했다, 여전히 단정한 미소를 유지하면서. "걱정하지
마세요. 제가 닌빈 호텔에 전화해서 손님의 여권을
보내달라고 하겠습니다." 그녀는 하늘이 보내준
천사였다. 이 대목에서 내가 어찌 잇따라 놀라지
않을 수 있었겠는가! 천사가 민첩하게 전화를 거는
모습을 나는 입을 벌리고 지켜보았다. 가만, 그런데 난

시내가 한눈에 들어오는 빈 호텔의 전망
잘 꾸며진 객실 내부

내일 아침 일찍 여기를 떠나야 하는데? 다음 도시인 동허이의 숙소와 기차 편까지 예약을 마친 상태였다. 내가 떠나기 전까지 여권이 도착하는 건 무리가 아닐까? 나는 다시 천사에게 사정을 이야기했다. "그럼 내일 가는 동허이의 숙소로 여권을 보내도록 처리해 드리겠습니다. 여권이 갈 거라고 동허이 숙소에도 전화해둘게요." 과연, 천사의 일 처리는 빈틈이 없었다. 짐을 들고 내 방으로 올라갈 쯤에는 마음이 한결 가벼웠다. 홀가분하게 방문을 열었는데, 시내가 한눈에 내려다보이는 멋들어진 전망이라니! 혼자 자기 아까울 정도로 널찍하고 푹신한 침대. 욕조가 달린 깨끗한 욕실. 방 크기도 운동장이네. 진정 23달러짜리 방이 맞아? 나는 꺅꺅거리며 침대로 몸을 던졌다.

순간, 강렬한 유혹이 피어올랐다. 이 도시에 더 있고 싶다, 격렬하게 더 있고 싶다. 특별한 볼 것이 없어도, 아무것도 하지 않아도 괜찮다. 빈 시내에 가보기도 전에 미리 반해 버렸다. 생각 같아서는 여기서 이삼일쯤 지내다 여권을 확실하게 받아가고 싶었다. 그러자니 동허이의 숙소와 기차표가 걸린다. 이후 다른 도시의 일정도 마찬가지로 꼬일 테고. '질러버려 파'와 '정신 차려 파' 사이에서 나는 갈팡질팡했다. 이름밖에 모르고 온 나에게 빈은 만반의 준비를 하고 있었던 게야. 몇 번이나 놀라게 하는 것과 동시에 고민까지 안겨주다니. 빈 씨, 나를 아주 들었다 났다 하는군요.
나는 빈이 선사한 모든 것이 황송했다. 오기 전에는
상상도 하지 못한 따뜻함을 느꼈다. 이제 빈은 그 어떤
도시보다 선명한 존재감을 드러내었다. 예기치 않은
'행운의 도시'로서. 여권은 그리 걱정되지 않았다. 깜짝
선물 같은 빈이라는 도시를 믿었고 때때로 천사가 되는
베트남 사람들을 믿었으니까.

의외로 나는 '정신 차려 파'를 선택했다. 깔끔하게
다음 날 동허이행 기차에 올라탔거든. 예감이
들더라고. 어떤 걸 선택해도 문제없을 거라는. 빈에
머물렀어도, 일정대로 동허이에 가는 것도 모두
괜찮을 거라는. 한편 그건 어떤 쪽이었어도 아쉬움이
남았을 거라는 의미였다. 동허이로 갔으면 빈에서
건질 수 있는 미지의 경험을 놓쳤을 테고, 빈에
남았다면 동허이 일정이 틀어져 곤란을 겪었을 수도
있었다. 그냥 내 여행을 무작정 믿었다고나 할까. 진짜
솔직해지자면, 결국 귀차니즘의 승리라고나 할까. 숙소
예약과 기차표를 바꾸는 게 엄청나게, 매우, 상당히
귀찮았거든. 크크크.

닌빈 가기
보통 하노이에서 일일 투어로 닌빈을 다녀가지만 닌빈에서 며칠 머물기를
권한다. 하노이에서 닌빈까지 버스나 기차로 2시간~3시간, 하이퐁에서는
버스로 약 3시간 소요된다.

닌빈 즐기기
'육지의 하롱'이라는 별명을 확인하려면 땀꼭이나 짱안 투어는 필수 중의
필수. 노 젓는 뱃사공과 함께 아름다운 석회암 바위산과 푸른 강을 신선처럼
유람할 수 있다. 두 곳이 비슷하므로 하나만 선택해도 된다. 개인적으로
란하베이+하롱베이 투어보다 짱안 투어가 훨씬 만족스러웠다. 500여 개의
계단을 올라 땀꼭의 절경을 내려다보는 항무아도 빼먹지 말 것. 그 외 옛 수도
호아르, 석회암 바위산 동굴 빅동이 있다.

꾹푸엉 국립공원 트래킹
닌빈 시내에서 오토바이로 편도 2시간. 일종의 정글인데 입구 근처만
둘러보지 말고 7km 트래킹을 해보자. 막판에 나오는 계단만 제외하면
숲길이 대부분 평지여서 그리 힘들지 않다.

여행자들의 사랑방 '커피 퐁Coffee Phong'
아름다운 자연으로 둘러싸인 닌빈 외곽에 비해 시내는 볼품없다. 시원한
'커피 퐁'에서 에그 커피와 반미를 맛보자. 젊은 주인장 아주머니가 영어를
능숙하게 구사하며 매우 친절하다.

빈의 천사, 람 지앙 호텔Lam Giang Hotel 강추
빈에 가는 여행자는 많지 않겠지만 만약 간다면 이 호텔을 강추한다.
20달러 대의 저렴한 가격으로 깨끗하고 큰 방을 얻을 수 있다. 가장 중요한
건 직원들이 너무나 친절하다는 것. 관광도시에서는 볼 수 없는 세심한
서비스에 감탄할 준비를 하시길.

사람들에게
반해서

동허이

정직한
기차여행

일명 '슬리핑 버스'가 나는 맘에 들지 않았다.
다른 여행자들은 아무렇지도 않게 이용하지만 내
눈에는 감옥과 다를 바 없었다. 침대 의자를 빽빽하게
채워 넣은 대형 버스, 심지어 위아래 2층으로. 시야가
사방으로 차단된다. 그 안에서 꼼짝달싹 못 하고
누워서 간다는 게 어쩐지 사육당하는 느낌이란 말이지.
버스 안을 슬쩍 들여다보는 것만으로 숨이 턱 막혔다.
낮에만 이동하는 나에게 슬리핑 버스란 무용지물. 나는
가능하면 기차를 탔다.

동허이로 가는 열차, 나는 테이블을 사이에 두고 네
명이 마주 보는 좌석에 앉았다. 호텔을 통해 예약한
터라 이런 자리인 줄 몰랐네. 그래서 싫었냐고? 노노,
반대였다. 마주 앉은 사람들과 대화할 수 있어 반갑고
고마울 따름이다. 4시간 20분 동안 혼자서 입 다물고
있으면 얼마나 심심하겠어.
맞은편에 50대 후반으로 보이는 남자 둘이 앉았다. 한

침대 의자가 빽빽하게 들어선 '슬리핑 버스'

명은 줄무늬 반팔 와이셔츠를,
또 한 명은 쨍한 파란색
와이셔츠에 양복을 입었다.
그런데 파란 와이셔츠 쪽이
벌떡 일어났다. 그는 내 여행
가방을 위쪽 선반에 덜렁 올려주는

기차 안에서
취침 중인 승객

게 아닌가, 부탁도 안 했거늘.
감사를 표하는 나에게 그는 '이
정도야' 하는 표정을 지어 보였다. '진짜 신사'란
행동으로 말한다는 듯.
두 사람 모두 서글서글한 웃음을 잔뜩 물고 나를
처다보았다. 훤히 드러나는 호기심과 선의. 아, 저런
얼굴은 내가 좋아하는 표정 중 3순위 안에 든다. 저런
눈빛 앞에서 나는 한 마리 순한 양이 되어버린다.
여행자라면 누군들 그렇지 않으리. 우리 셋이 곧바로
말을 트는 건 당연하다고 할밖에. 그들이 "한쩍,
한쩍?"이라고 묻길래 나도 열렬히 위아래로 고개를
흔들며 "한쩍, 한쩍!"이라고 대답했다. 그 외에는
베트남 말을 알아들을 수가 없어서 번역 앱에게 도움을
청했다. 그들은 내가 '어디로 가는지, 일행이 있는지,
혼자 가는지'를 궁금해했다. 차려입은 와이셔츠가
어울리지 않게 두 남자의 손마디는 굵고 거칠었다.
오랜 세월 육체노동을 해온 것을 증명하는 정직한 손.

도시에서는 보기 힘든 손이었다.

파란색 와이셔츠 쪽이 대화에 적극적이었다. 그는 굵은 손가락에 어울리는 굵은 금반지를 끼고 있었다. 고생한 자신의 손가락에 이 정도의 사치는 허락한다는 느낌. 여기까지는 그저 순박한 시골 아저씨려니 했다. 그러나 같잖은 선입견은 금세 무너졌다. 핸드폰을 그리도 능수능란하게 사용하다니. 그는 기차가 어디쯤 가고 있는지 지도를 띄워 설명해주었다. 물론 베트남 말을 몰라도 이해하는 데 지장은 없었다. 이어서 핸드폰에 저장해둔 자신의 집과 가족사진을 보여주었다. 사진을 이리저리 옮기고 크기를 늘렸다 줄였다 자유자재였다. 그는 구형 핸드폰의 모든 기능을 살뜰히 사용할 줄 알았다. 최신 폰을 가지고도 다양한 기능을 제대로 활용할 줄 모르는 나보다 훨씬 세련된 사용자였다.

대체로 듣는 편이었던 줄무늬 쪽 남자가 구글 번역에 질문을 띄워왔다. 다음은 내가 말할 차례야, 하는 얼굴이었다. 대략 '한국 노동자들의 평균 급여가 얼마나 되냐'는 물음이었다. 한국이 잘산다지만 베트남 또한 이제는 살 만해졌다, 하는 자신감이 드러났다. 노동자다운

딱딱한 좌석 칸의
나무벤치

정직하고 적나라한 궁금증이라는 사실과는 별개로,
나는 뭐라 대답해야 할지 곤란했다. 글쎄, 대충 200만
원에서 300만 원 사이가 아닐까? 하지만 한국과
베트남의 물가 차이가 얼마나 심한데(베트남 노동자들의
평균 급여는 30만 원 전후라고 한다) 솔직히 말하자니 그의
자존심을 상처 낼 것 같았다. 그렇다고 거짓말을 할
수도 없었다. 난감했다. 결국은 잘 모르겠다는 말로
얼버무렸다. 그는 못내 아쉬운 표정을 지었다.

언젠가 딱딱한 좌석 칸 체험을

어느덧 주변 승객들이 준비해온 음식을 주섬주섬
꺼냈다. 점심 때가 된 것이다. 아까 기차역에서
먹을거리를 파는 걸 보지 못했다. 다들 어디서 사
왔을까. 현지인들만 아는 방법이라도 있는 건가.
걱정할 건 없었다. 기차라면 당연히 식당칸이 있을
테지. 식당칸을 찾아가는 도중에 '딱딱한 좌석 칸(Hard
seat)'이 나왔다. 이야, '딱딱'이라는 형용사가 이렇게
정직하게 표현될 줄이야. 말 그대로 딱.딱.한. 나무로
만들어진 의자였다. 그것도 90도로 꺾어진 나무 벤치.
나는 기차를 탈 때마다 푹신한 좌석 칸(Soft seat) 표를
샀기에 'Hard seat'은 처음 보았다. 울거나 떠들면서
뛰어다니는 어린아이들, 분명 엉덩이가 아픈 얼굴로
기대앉은 승객들, 선반 위는 물론이고 바닥에까지 놓인

짐들. 그리고 떠들썩한 분위기. 이곳이야말로 '서민, 삶의 현장'이었다. 오 재밌겠는걸? 장거리 말고 두어 시간 정도라면 탈 만하겠다. 머릿속 수첩에 '언젠가 Hard seat 체험!'이라고 적어 놓았다.

식당칸은 한산했다. 승객들은 대개 식당칸을 이용하지 않는 데다, 일찍 점심을 먹는 현지인들이 한바탕 지나간 후였다. 적갈색 나무 식탁과 의자 세트. 역시 정직한 90도 의자다. 내가 자리에 앉자 직원이 하늘색 플라스틱 식판을 들고 왔다. 흰밥과 멀건 국과 양배추 볶음, 돼지갈비 튀김 두세 점. 꾸밈없는 메뉴로군. 거리에선 2만 동(약 1,000원)이겠지만 여기서는 4만 동(약 2,000원). 원래 기차 밥은 비싸니까. 시장이 반찬이어서 나는 맛있게 싹싹 비웠다.

신사들과 핸드폰 필담을 나누느라 4시간 20분쯤이야 훌쩍 흘러갔다. 그들에게서 나는 생존 베트남어를 여러 개 배웠다.

"탓응 언(맛있어요)" "젯 뚜(아주 좋아요)" "반 뜨 떼에(당신은 친절합니다)" "땀 삐엣(안녕히 가세요)"

두 남자에게 내가 해주고 싶은 말이었다.

처음 베트남에 들어오는 비행기 안에서 기본적인 말 세 가지를 배웠더랬다. 뒷자리에 앉은 베트남 아가씨가 가르쳐주었다.

"신 짜오(안녕하세요?)" "깜 언(감사합니다)" "씬

199

로이(미안합니다)"

합이 일곱 문장으로 베트남 여행 회화 완성!

'혼자여도 혼자가 아닐 수 있다'는 점이 기차 여행의
특별함이다. 일행이 없어도 주변의 승객들과 이야기를
나누게 된다. 설령 소심해서 말을 걸지 못해도 괜찮다.
출발역에서 도착역까지 창밖의 풍경이 함께하니까.
눈이라도 호강하면 된 거지. 기차가 역에 잠시 멈출
때마다 간식을 파는 사람들이 들락거린다. 심심치
않은 구경거리다. 허리가 쑤시면 산책 삼아 다른 칸에
다녀올 수도 있다. 미처 먹을 걸 준비하지 못했어도
식당칸에서 배를 채울 수 있다. 여행자들이여, 슬리핑
버스의 감옥 같은 편안함보다 눈과 입과 발이 자유로운
기차 여행을 권하는 바이다.

메이드 인
베트남

★

오늘의 일과는 간단했다.

뭔가 있어 보이는 버전으로, 동허이라는 도시를 유유히
탐색하는 것. 돌직구 버전으로, 단순히 동허이 시내
산책. 우중충한 날씨는 덤이오.

나는 천천히 아침을 먹고 나와 강변을 따라
걸었다. 바다와 이어지는 강줄기는 마치 바다처럼
보였다. 고깃배들이 늘어선 모습 때문에 더욱 바다
같았다. 빨강, 파랑, 녹색으로 칠한 배의 옆구리에
'QB1024TS'처럼 암호 같은 글자가 적혀 있었다.
내려앉은 회색 하늘과 탁한 강물 위로 원색의 고깃배가
선명했다.

동허이는 지금부터 우기 시작이란다. 원래 이보다
추워야 하는데 비교적 따뜻하고 비만 조금씩 온다고
숙소 직원이 일러주었다. 흐린 날씨를 탓할 수는 없다.
지금 비가 안 오는 것만도 어디야. 최종 목적지는 강변
끝에 있는 동허이 시장이다. 어쩌다 보니 또 시장.

바다처럼 보이는 강

동허이 강변의 고깃배
비옷 입은 채 오토바이 타는 여인

사진을 찍으며 느릿느릿 걸어갔다. 한 시간이 걸렸다.
시장을 찾는 건 '앉아서 떡 먹기'라고 앞에서 밝혔다.
입구부터 과일과 꽃을 파는 노점들이 늘어서 있다.
몰라보는 게 이상하다. 내가 좋아하는 용과가 싱싱했다.
나중에 돌아 나올 때 꼭 사가야지 하고 마음먹었다.
여행을 떠날 때마다 반복되는 현상 하나. 도통
맵시있는 옷을 준비하지 못한다. 도대체 왜 그럴까?
옷 잘 입기로 소문난 한국인답지 않게 나의 옷은
대부분 후줄근하다. 이번에는 동네 헬스장에서
입던 싸구려 티셔츠를 여태 걸치고 다녔다. 어설픈
미니멀리스트여서 옷이 없긴 하다. 게다가 한국은
겨울이라 맘에 드는 여름옷을 구하기가 쉽지 않았다.
혹여 옷을 못 챙기는 '병'에 걸린 건 아닐까? 어쨌거나
나는 시장에서 반팔 티셔츠와 여름 바지를 사기로
했다.
동허이 시장 안은 예전의 동대문 시장처럼 생겼다.
좁은 통로를 사이에 두고 벽에 옷을 잔뜩 걸어 놓았다.
그런데 아무리 봐도 대부분 44 사이즈. 아이를 낳기
전, 나에게도 극히 잠깐 44를 입던 시절이 있었다. 아
옛날이여! 지금은 어림 반 푼어치도 없다. 아랫배가
튀어나와 조금 넉넉한 55가 편안하다. 나는 옷을
찾으러 이곳저곳 헤치고 다녔다. 주변에서 한 무리의
젊은 직원들이 "한꿕, 한꿕~" 하는 소리가 들렸다. 옷을

동허이 시장 입구의 과일 노점
산더미처럼 쌓인 과일

파는 상인들의 99%는 여성. 나는 손바닥으로 가슴을 톡 치며 "한쩍, 띠응 한쩍!"이라고 대답했다. 응, 나 한국인 맞아요.

그들은 젊은이 특유의 생기를 내뿜으며 깔깔깔 모여들었다. 이놈의 인기란! 사랑과 재채기는 숨기지 못한다고라? 내 생각에 청춘의 에너지 또한 감출 수 없다.

그들도 우리처럼 사진 찍기를 좋아한다

동남아에서 여자들이 만나자마자 친해지는 방법으로 '사진 놀이'만한 게 있을까? 동남아 사람들과 우리의 공통점은 사진 찍기를 좋아한다는 것이다. 이런 게 취향 저격. 내가 카메라를 살짝 들어 올렸다. 이 깜찍한 아가씨들, 서로 양보하기 바빴다. 얘를 찍어라, 아니 쟤를 찍어라, 얘가 제일 예쁘니 얘를 찍어라. 베트남 말로 해도 알아듣는 기적은 여기서도 계속된다. 중요한 건 싫어서가 아니라 나서기 부끄러워 그렇다는 것. 때아닌 양보 전쟁을 전문 용어로 '내숭'이라 한다. 이 언니 눈치가 백단이거든? 좋아, 그렇다면 언니가 결정해주마. 나는 그중 눈에 띄는 미인에게 말했다. "당신 먼저 찍을게요, 오케이?" 그녀는 못 이기는 척, 내심 기다렸다는 듯, 자세를 잡는다. 미소가 모델 뺨친다. 물꼬가 트이자 일사천리.

다음엔 그녀 버금가게 매력적인
아가씨 차례. 그녀 역시 배시시
웃을 듯 말 듯 모델에 가까운
표정. 다들 장사하는 틈틈이
미소 짓는 연습을 빡세게(?)
하는 걸까? 자신들이 찍힌 카메라
화면을 보고 까르륵 웃음이 쏟아졌다.
만족한다는 뜻. 자, 그럼 우리 단체

옷가게 점원들과 함께
한 컷

샷도 도전해볼까요? 서 있는 한 명에게
카메라를 맡겼다. 나를 포함해서 네댓 명이 함께
사진을 찍었다. 소동에 가까운 사진 놀이는 여자들만의
것이 아니었다. 저쪽에서 웬 청년이 다가와 하는 말.
한국어였다.
"하하하, 안녕하세요? 나는 한국에서 2년 동안
일했어요."
한국 근무 경험자까지 달려와서 자신도 빠질 수
없다는 듯 포토라인에 섰다. 한참을 놀다가 시장에
온 이유를 까먹을 뻔했다. 그제야 정신을 차리고
반팔 티셔츠를 사고 싶다고 말했다. 눈치 빠른 (두
번째로 사진을 박은) 그녀가 나를 한 옷가게로 데려갔다.
내어주는 티들은 하나같이 44 사이즈, 흑. 이건 너무
작다고 도리도리해도 일단 입어 보란다. 굳이 작은
옷을 입혀서 확인 사살. 그러자 세 번째 그녀가 나를

여름옷이 필요해서 시장 옷가게를 뒤졌다

데려갔다. 큰 사이즈라고 보여 주는데 그래 봐야
조금 큰 44. 이곳에서 '넉넉한 55'는커녕 '정사이즈
55'조차 불가능함을 깨달았다. 티셔츠가 몸에 달라붙어
아랫배를 가리기에는 역부족이었다. 그러나 선택의
여지가 없었다. 나는 그중 세 장을 골랐다. 가격은 한
장에 5,000원(!). 우리 동네 마트에도 5,000원짜리
티셔츠가 널렸는데? 나는 대충 이삼천 원쯤 할 거라고
예상했다. 생각보다 싸지 않았지만 "노멀 프라이스!
비엣나미즈 프라이스!" 하는 그녀들을 믿기로 했다.
지금껏 웃고 놀던 친구들을 의심하고 싶지 않았다.
다음엔 바지를 골라야 한다. 계절이 겨울인지라 모두
두꺼운 것뿐이다. "얇은 걸로 주세요, 난 더워요~"
손짓과 함께 말했다. 눈치 빠른 두 번째 그녀가 또 어떤
가게로 데려간다. 야들야들 얇은 통바지 발견, 무려
고무줄 바지! 내가 원하던 스타일이다. 이건 7,500원.
마찬가지로 비싼지 싼지 모르므로 그냥 오케이. "노
메이드 인 차이나! 메이드 인 베트남!" 메이드 인
베트남은 중국산과 다르게 질이 좋다고, 그녀는 짧은
영어로 열심히 설명했다. 어디서나 중국산은 안 쳐주는
분위기로군. 그려, 〈메이드 인 베트남〉 한번 믿어보지.

옷을 담은 비닐봉지를 흔들며 시장을 나서는데, 끝내
비가 쏟아졌다. 나는 혹시 몰라서 들고 온 작은 우산을

폈다. 돌아가는 길에 사려던 싱싱한 용과일랑 새카맣게 잊어버리고 다시 강변을 따라 걷는 길. 실시간 일기 중계를 하자면 '날씨는 비, 내 마음은 맑음'. 베트남에서 베트남산 옷을 산 게 뭐 대단할까만. 그걸 사기까지가 사뭇 재미났는걸. '메이드 인 베트남', 그 안에는 베트남 사람들의 웃음과 따스함, 명랑함과 솔직함까지 차곡차곡 포개어져 있었다.

쩌그,
베트남 광수 씨

베트남에서 이런 사람들을 만나는 일은, 골목에서 로컬
카페를 발견하는 일만큼이나 흔했다. 한국 드라마나
노래를 좋아하는 사람, 한국말 "안녕하세요?"를 할
줄 아는 사람, 한국인 여행자에게 호감이 있는 사람,
한국에서 일하고 싶은 사람, 한국에서 일하다 온 사람.

광수 씨, 그러니까 꾸옛(Quyet) 씨는 나를 보자마자
또렷한 한국어로 말했다.
"한국 사람이죠? 조금만 기다리세요!"
껌빈전(베트남식 밥과 반찬을 파는 식당)이 보이길래 막
들어섰다. 앞에서 손님 대여섯 명이 음식을 포장해
가느라 번잡스러웠다. 나도 뒤에 줄을 섰다. 내 차례가
되자 그가 알려주었다.
"쩌그, 뭐 먹을래요? 쩌그, 이건 반찬이고요. 쩌그, 이건
김치예요. 쩌그, 김치는 우리 와이프가 만들었어요."
그는 내가 고른 생선조림, 돼지고기볶음, 오이와 함께
열무김치 비슷하게 생겼으나 맛은 전혀 다른 나물을

접시에 올려주었다. 특히
김치와 와이프를 언급할
때 그의 얼굴에 자부심이
엿보였다. 능숙하게 한국말을
구사하는 그의 정체가 심히
궁금했다. 그는 연이어
들어오는 손님들로 바빴고
나도 배가 고팠다. 그래서
그는 밥을 열심히 파는, 그의
일을 했고 나는 밥을 열심히
먹는, 나의 일을 했다. 내가 밥을
다 먹어갈 무렵, 비로소 점심
장사가 끝난 모양이다. 그 또한

K-하트 포즈를 아는
광수 씨와 그의 식당에서
먹은 밥

파는 반찬을 놓고 직원들과 함께 식사를 했다.
내 식탁으로 돌아온 그는 방언 터지듯 자신의 이야기를
시작했다.
"쩌그, 내가 수원에서 2년, 쩌그, 진주에서 3년
일했어요. 쩌그, 그래서 한국 사람 보면 엄청 반가워요!
쩌그, 내가 한국에서 사람들에게 도움 많이 받았어요."
전직은 외국인 노동자, 현직은 이 식당 사장님.
"쩌그, 저 사람들은 직원이고요. 쩌그, 이 옆집이 장모님
집이에요. 쩌그, 그런데 지금 어디에 자고 있어요?"
진주에서 습관이 든 걸까, 말머리마다 '쩌그'를 붙인다.

"쩌그, 남롱 플러스 호텔이요? 쩌그, 거기 잘 알아요! 쩌그, 우리 집 근처예요. 쩌그, 거기 관리자도 내가 잘 알아요! 쩌그, 이웃이에요."

나는 김치를 담근다는 그의 아내가 궁금했다.

"쩌그, 와이프는 지금 집에 있어요. 쩌그, 금요일에 아기 낳았어요. 쩌그, 아들이에요. 쩌그, 첫째는 아들, 둘째는 딸, 지금은 또 아들. 쩌그, 아기가 손도 발도 커요. 쩌그, 지금은 뭐든지 잘 먹을 수 있으니까요. 쩌그, 10년 전에는 너무도 살기가 어려웠어요. 쩌그, 임신을 해도 와이프가 못 먹어서 아이들이 작았어요."

그래서 그가 한국으로 왔겠지. 살기가 어려워 돈을 벌겠다고 한국행을 택하는 흐름은 현재도 진행형이다. 그는 일을 마친 후 저녁 때 호텔로 놀러 가도 되냐고 물었다. Why not? 당근, 오셔도 됩니다. 나는 아기를 낳았다는 말에 뭔가 선물을 주고 싶었다. 당시 가방에 든 건 화장품 샘플 두 개. 마음은 한가득인데 줄 수 있는 건 고작 그거였다. 그는 함빡 웃으며 고마워했다. 그래요, 우리 이따가 봐요.

이럴 때마다, 즉 동남아시아 여행 중 한국에서 일했다는 혹은 일하고 싶다는 사람들을 만날 때마다 나는 은근히 걱정이 앞선다. 며칠 전 기차에서 마주친 청년이 떠올랐다. 그는 한국어를 공부한다며 가방에 있던 교재를 보여 주었다. 그걸 자세히 들여다 보곤,

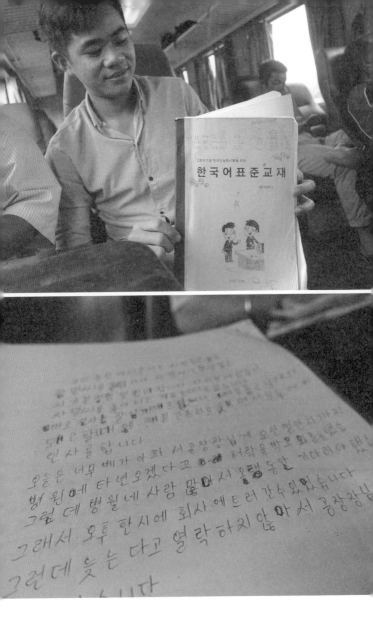

기차에서 만난 한국어 교재로 공부하는 청년
청년이 쓴 한글

황당함과 쓸쓸함을 감출 수 없었다. 그 책은 공장에서
일어날 법한 일들만 다루고 있었다. 공장장님께
인사를 잘 해서 칭찬받는 자밀 씨, 병원에 다녀오느라
출근을 늦게 해서 공장장님께 혼났다는 등. 말 잘 듣는
일꾼으로 교육하고자 하는 의도가 노골적으로 드러나,
상당히 불편한 교재였다. 그가 아무리 한국에서 일하는
게 목표라지만 오로지 알차게 부려먹기 위한 목적의
한국어 교재라니.

"코리안 드림!" 베트남 사람들이 한국을 좋아하는 진짜
이유다. 그걸 바랄 수 있고 이룰 수 있다는 희망. 한류나
박항서 감독의 인기 같은 건 둘째다. 첫 번째 이유는
한국에 가면 큰돈을 벌 수 있다는 희망이다. 그러나
기대처럼 쉽게 이루어지진 않는다는 걸 어린 청년은
모른다. 한국에서 외국인 노동자로 살아가는 삶에
대해서, 한국인들이 동남아 출신 노동자들을 대하는
태도에 대해서 그가 과연 알고 있을까.

광수 씨는 한국에서 정말 힘들지 않았을까

저녁 8시, 샤워를 마친 듯한 모습으로 광수 씨가
찾아왔다. 그는 숙소 로비 테이블에 앉아있다가 캔맥주
두 개를 계산했다. 손님에게 자신이 대접해야 한다면서.
맥주 한 잔을 앞에 두고 그는 한국에 대한 추억을
떠올렸다. 나는 뉴스거리로 나돌던 험한 사건들이 그의

입에서 흘러나올까 봐 걱정스러웠다. 한국인들에게
심한 차별과 무시를 받았다거나, 밤낮으로 일을
했는데 월급을 몽땅 떼였다거나 하는. 광수 씨에게
솔직히 물었더니 그는 씩 미소를 지으며 말했다.
공장장님은 좋은 사람이었고 그에게 잘 대해 주었다.
광수라는 이름도 공장장님이 지어주었다. 원래 이름인
꾸엣(Quyet)을 부르려면 발음이 꼬인다고 "이제부터
너는 광수다", 그리하여 그는 '베트남 광수 씨'가
되었다. 자기는 '기술이 좋아서' 공장장님에게 이쁨을
받았단다. 그러면서 오른손을 보여주는데 허연 화상
자국이 집게손가락과 가운뎃손가락 전체를 뒤덮었다.
일하다가 염산에 데었단다. 당시 4개월 동안 치료를
받았다고. 결코 가벼운 상처가 아니었을 텐데.
그가 말하지 않은 '좋은 공장장님'과 '화상' 사이에
있었던 일들을 나로서는 알 수가 없다. 타국에서
남들이 꺼리는 일을 도맡아 하는 외국인 노동자에게
힘겨운 날들이 없었다면 거짓말이겠지. 진짜
고통스러웠던 일들은 말하지 않고 사람 좋은 미소로
슬쩍 넘어가는 건지도 모른다. 내 나라에 여행 온
사람에게 굳이 나쁜 기억을 이야기하지 않는 것이리라.
그는 과거를 뒤로 하고 미래를 이야기하고 싶어 했다.
동허이에서 나고 자란 광수 씨, 아니 꾸엣 씨는 고향에
대한 자부심이 대단했다. 동허이는 미국과의 전쟁

때 완전히 파괴되었고 주민들은 모두 피난을 갔다가
돌아왔다. 전쟁이 끝난 후 사람들은 도시를 다시
건설했다. 그런지 겨우 30여 년 밖에 안 된 젊은 도시가
지금의 동허이다. 어쩐지 동남아 특유의 낡고 지저분한
분위기 없이 거리가 넓고 깨끗했다.

광수 씨는 앞으로 동허이가 더욱
발전할 것임을 의심하지
않았다. 아시아에서 가장 큰
동굴지대(퐁나께방 국립공원)와
해변, 항구를 가졌기에
다낭만큼 굉장한 관광도시가
될 거란다. 정직하고 깨끗한
동허이에 많은 외국 여행자들이
방문해주기를 바랐다. 그건 단지
광수 씨만의 생각이 아니었다.

광수 씨 아기에게
선물한 노란 배내옷

내가 묵는 호텔 직원들도 같은
이야기를 했다. 아마 동허이 시민들 대부분의 생각인
듯했다. 내가 동허이에서 유난히 좋은 사람들을 많이
만난 건 우연이 아니었다.
동허이를 떠나기 전날, 광수 씨의 식당을 다시 찾았다.
그의 아내에게 도움이 되는 선물을 주고 싶었다.
그런데 도대체 베트남에서는 산모에게 어떤 선물을
해야 하는 걸까. 아무래도 아기를 위한 선물이 산모를

가장 기쁘게 하겠지? 세상 모든 엄마 마음은 같으니까.
나는 샛노란 병아리 색깔의 위아래가 붙은 배내옷을
샀다.
"이것을 전해주려고 왔어요. 아기 옷이에요, 신생아 옷.
곧바로 입혀도 되는 거예요."
나는 그의 얼굴에 꽃이 피는 걸 보았다.
"쩌그, 아니, 안 그래도 되는데. 하지 마세요. 괜찮아요!"
"아기를 낳았다는데 내가 뭐라도 선물하고 싶어서
그래요. 노란색으로 골랐어요."
"정말 감사합니다! 아 노란색 좋아요! 감사합니다!"

나야말로 말리고 싶도록 허리를 굽히며 한국인보다
정확한 발음으로 '감사합니다!'를 말하는 그는
정말로, 행복해 보였다. 그 순간에는 버릇처럼 붙이던
'쩌그'마저 잊은 듯했다.

여자는 여자를
응원한다

'귀여운 여인'이란 수식어가 떠오르는 사람. 동허이에서
보낸 날들을 이야기하자면 도저히 그녀를 언급하지
않고 넘어갈 수가 없다. 오래된 영화 〈귀여운 여인〉에서
줄리아 로버츠는 솔직히 귀엽지는 않았다. 화면 가득
웃던 커다란 입만 기억에 남는다. 미국인들의 눈에는
그게 귀여웠을까?

스물두 살, 어리다면 어린 나이. 그래도 어엿한
직장인이다. 그녀는 호텔의 프런트 데스크에서
손님을 맞이하는 중요한 역할을 한다. 아침저녁으로
그녀의 상큼한 미소를 마주하는 건 볼 때마다 기분
좋은 일이었다. 나도 작은 편인데 나보다 자그맣고
여리여리해서 소녀 같았다. 한 손으로 어깨를 껴안으면
품 안에 쏙 들어오는 것이, 딸이 있다면 이런 느낌일까?
그날은 그녀가 알려준 가게에서 신생아 옷을 사고,
그녀가 추천해준 식당에서 점심을 먹고 돌아왔다.
나더러 피곤해 보인다길래 "그냥 2시간 정도 걸었을

숙소의 프런트 데스크
열대 느낌이 물씬 나는 시내 식당

뿐이야"대답했다. 너무
많이 걸었다고 걱정한다.
여행자에게 두 시간 산책쯤은
별 게 아니라고 해도, 비
오는 날 무리하면 안 된다고
또 걱정한다. 그러고도 마음이
놓이지 않는지, 뭔가 따뜻한 걸
마셔야 한다고 고집한다. 나는
커피 한 잔을 부탁했다. 그녀는

한솥밥 식구들

진한 인스턴트커피를 뜨겁게 내왔다. 비 오고 바람
부는 거리를 쏘다닌 후에 누군가의 염려가 듬뿍 든
커피를 마시는 건, 추운 겨울날 따뜻한 난롯불을 쬐는
느낌이었다. "오늘 내가 시간이 났더라면 옷 사러
같이 가쳤을 텐데요"라며 아쉬워하는 그녀를, 어떻게
귀여워하지 않을 수가 있을까.

친절에 보답하고 싶어서 작은 선물(화장품 샘플)을
건넸다. 일종의 커피값. 이거 진짜 '메이드 인
코리아'냐면서 좋아하는 걸 보니 흐뭇하다. 한국
화장품은 동남아에서 인기가 많아 여행용 선물로
적격이었다. 그녀는 같이 시내에 가서 둥허이
구석구석을 구경시켜 주고 싶지만, 낮에는 온종일
호텔에서 일해야 한단다. 밤에는 쉬어야 내일 또
출근할 수 있고. 그게 직장인의 애환이지.

나는 노란 아기 옷, 웃는 광수 씨 모습, 먹은 음식
등 오늘 찍은 사진들을 보여주었다. 뒤이어 예전에
핸드폰에 녹음한 새소리, 귀뚜라미 울음소리,
야옹거리는 소리(이건 몇 년 전에 아들이 고양이 흉내
내는 소리다. 비밀이지만 아들 취미였다)까지 들려주었다.
그녀는 아들의 고양이 소리를 듣고 진짜랑 똑같다며
웃었다. 아들, 비밀을 밝혀서 미안하다. 그녀의 고향은
동허이에서 오토바이로 2시간이 걸리는 시골이란다.
베트남에서는 탈것의 기준이 (자동차가 아니라)
오토바이라는 걸 새로 알았다. 마을 안에 원숭이, 닭,
염소, 개구리 등 온갖 동물들이 돌아다닌다고 한다.
무시로 길가에 뛰어다니는 게 원숭이라고?! 그 원숭이
좀 보겠다고 깟바 섬에서 일부러 멍키 아일랜드를
찾아가는 투어가 있건만. 나도 그 동네에 한번 가보고
싶네.

간절함은 기적을 불러온다

저녁 시간, 빌린 드라이기를 돌려주러 프런트에
내려갔다. 안쪽 주방에서 그녀를 비롯해 여직원들이
둘러앉아 밥을 먹고 있더라고. "저녁은 어디 가서
드실래요?" 묻는데 여기서 같이 먹고 싶다는 말이
튀어나왔다. 뻔뻔하고 솔직한 대답이었다. 옹기종기
모여 앉아 밥을 먹는 모습은 '식구'라는 단어를

행동으로 묘사해주는 4D 사전을 보는 것 같았다. '한 집안에서 끼니를 함께 먹는 사람, 식구.' 그 자리에 나도 끼고 싶었다. 식구가 되고 싶었다. 충동적으로 말을 뱉어놓고 아차, 무례했나 싶어 직원들 눈치를 보았다. 오히려 그들은 반찬이 이것뿐인데 괜찮겠냐며 내 눈치를 보았다. 난 '같이 먹는' 것이면 족했다. 작은 게스트하우스에서 일하는 직원들의 밥상이란. 간장을 넣은 갈치조림 비슷한 것과 국(생선, 토마토, 파인애플을 넣고 끓였다), 그리고 밥. 한국식으로 1첩 반상이다. 그만하면 좋고말고. 그대로 수저 하나만 얹었다. 갈치조림 비슷한 반찬은 크기만 작을 뿐 정말 갈치였다. 한국에도 똑같은 생선이 있다고 하니 그들은 신기해했다. 나는 생선을 아~주 좋아하므로 이건 정말 훌륭한 식사라고 말해주었다. 빈말이 아니었다. 국에 있던 작은 생선 두 마리도 내가 몽땅 건져 먹었다. 약간 멸치 맛이 났다. 아마 국물 맛을 내기 위해 넣는 종류 같았다. 생선국이 비리지 않고 담백했다. 바닷가 도시는 역시 생선과 해물이지. 직원 한 명이 갈치조림 국물에 밥을 비벼 먹길래 나도 따라 했다. 그 모습에 다들 웃는다. 베트남에서는 응당 베트남 식사법을 따라야죠. 맛있게 먹고 나서 그동안 배운 베트남 토막말을 총동원했다. "깜언(감사합니다), 탓 응 언(맛있어요), 젯 똣(아주 좋아요), 반 뜨 떼에(당신은 친절합니다)!" 그리고 비 오는 밤에 혼자

나가서 밥 먹기가 정말 싫었는데, 같이 먹게 해주어 진심으로 고맙다고 다시 한번 말한 뒤, 다른 직원들도 알아들을 수 있도록 베트남어로 통역을 부탁했다. 떠나는 날 아침, 그녀를 포함한 여직원들이 기념사진을 찍자고 몰려왔다. 이렇게 인기폭발인 손님은 나밖에 없을걸! 근거 있는 자만심이 하늘을 찌른다. 이게 한솥밥 먹은 식구들의 정! 한솥밥 팀은 함께 모여 사진을 찍었다. 장소는 호텔 정문 앞. 우리는 사진 속에서 여러 번 활짝 웃었다. 헤어짐은 아쉬워도 여자들의 사진이란 기필코 예쁘게 나와야 하니까.

귀여운 여인, 그녀의 이름은 디엔 미(Dien My). 한국 여자, 내 이름은 소율(Soyul). 어느 날 그녀가 털어놓은 꿈은 호텔에 묵는 손님들처럼 세계 곳곳을 여행하는 것이다. 날마다 전 세계에서 오는 여행자들을 만나는데 어찌 그런 생각이 들지 않을까. 그녀 역시 자유롭게 온 세상을 날아다니고 싶겠지. 성격 좋고 영어마저 자유로운 그녀가 못할 건 또 뭐야. 여행에 관한 비밀을 하나 폭로하겠다. '무엇보다 간절함이 우선한다.' 간절함이 임계점에 이를 때 부족한 돈도 시간도 메꾸어지는 기적이 생겨난다. 믿어도 좋다, 내가 통과해온 여행이 그러했다. 지금은 불가능해 보일지라도 사람 일은 모르는 거란다. 인생은 길고

하물며 아직 젊고도 젊으니. 그녀가 포기하지 않고
계속 꿈을 꾸기를, 그래서 언젠가 꼭 이루기를. 한국
여자 '소율'은 베트남 여자 '디엔미'를 언제나 응원할게.

지극히 사적인 팁

동허이

동허이 즐기기

바닷가를 따라 걷는 산책로가 시장까지 이어진다. 느릿느릿한 산책을 즐겨보자. 퐁냐께방 국립공원의 동굴지대(파라다이스 동굴, 퐁냐 동굴 등)를 꼭 방문하길. 이제까지 본 적 없는 거대한 규모의 동굴을 발견할 것이다. 숙소나 여행사에서 진행하는 투어로 가면 된다.

사람이 좋다

동허이에서 특히 인상적인 건 정직하고 친절한 현지인이다. 아직 이름난 관광도시가 아니어서 누릴 수 있는 장점. 시장이나 식당, 숙소에서 만나는 현지인에게 말을 걸어보자. 꾸밈없는 호의를 느낄 수 있다.

적당한 낭만을
원 한다면

빈롱,
그리고 안 빈 섬

꽃, 꽃,
꽃

빈롱(Vinh Long)을 빈롱이라 불렀다. 현지인들이 고개를
갸웃했다.
아비를 아비라 부르지 못하는 홍길동의 심정을
공감하게 될 줄이야. 외국인이 시골 어르신에게 서울을
'쎄울(Seoul)'이라 말한다면 선뜻 알아듣지 못하는 것과
비슷하다. 빈롱은 영어식 발음이다. 베트남식으로 '빅
(반 박자 쉬고) 럼'에 가깝게 말해야 그들 입에서 '아하'
하는 소리가 나온다. 베트남 글자는 영어 알파벳을
사용하지만, 발음은 베트남 말로 하기 때문이다. '빈롱'
아닌 '빅, 럼'의 첫인상은 '꽃, 꽃, 꽃'이었다. 이 동네는
정말 '울긋불긋 꽃 대궐'이다.

숙소가 있는 골목에 들어섰다.
모조리 꽃 파는 가게들만 보였다.
꽃은 무조건, 예쁘다. 예쁜 건
무조건, 좋은 거다. 고로 이 동네는
무조건, 맘에 든다. 자세히 보니까

빈롱의 첫인상은 온통 꽃, 꽃, 꽃!

알록달록한 새도 팔고, 꼬물거리는 강아지도 판다

꽃만 아니라 새도 판다. 원색으로 화려한 새들이
새장 안에서 노래를 했다. 새도 꽃처럼 예뻤다.
새만큼은 안 예쁘지만 꼬꼬거리는 닭도 판다. 닭만
있나, 꼬물거리는 강아지도 판다. 이렇게 신통방통한
골목이라니, 이런 골목에 내 숙소가 있다니. 다시 한번
인정하지 않을 수 없었다. 나는 꽝 없는 뽑기를 연달아
뽑은 거라고.
골목의 아침은 일찍이 시작된다.
새들의 노랫소리가 들리면 나는
커튼을 열고 창밖을 내다본다.
햇살이 눈부시다. 부지런한
사람들이 벌써 꽃가게 문을 열고

거리를 싹싹 쓸고 있다. 빈롱에서 눈을
뜨자마자 행복해지는 방법은 간단하다. 커튼을 열고
창문 아래로 즐비한 꽃들을 감상하는 것. 지저귀는
새소리를 음악처럼 들으면서. 귀와 눈을 먼저
호강시킨 뒤 만족시켜야 할 것은 비어있는 위장. 근처
쌀국숫집에서 가볍게 아침을 해결한다. 식후 산책은
여행자의 신성한 권리이자 의무. 이어지는 발걸음은 꽃
노점이 점령한 강변으로 향한다. 꽃향기, 바람, 햇빛과
함께 풍요로운 꼬찌엔 강을 따라 천천히 걷는다.
선착장에는 넘실거리는 황토색 강물 위로 페리가
드나든다. 하루에도 수십 번씩 건너편 안 빈 섬을

오가는 페리는 빈롱 사람들의 발이기도 하다.

흐르는 세월만큼 사는 데 유연해졌다

강변 끝까지 걷는 사이 햇살이 강해졌다. 바람이
시원한 카페에서 쉬었다 가야겠다. 문득 오래전의
캄보디아 여행이 생각났다. 초등학교 5학년 아들과
함께 배낭을 메고 톤레삽 호수에 갔었다. 꼬찌엔 강과
그때의 톤레삽 호수는 색깔이 같았다. 하긴 둘 다 메콩
강 줄기, 사람으로 치면 사촌쯤 되려나. 지도상으로
캄보디아가 멀지 않다. 15년의 세월이 지나 아들은
청년이 되었다. 나 또한 나이를 먹은 덕분인지, 사는
일이 유연해졌다. 늘 최선을 다해야 한다는 일종의
강박감 또는 의무감이 최선이 안 되면 차선을 선택해도
괜찮다, 라고. 어쩔 수 없는 상황에서 적어도 최악이
아닌 차악을 고르자, 라고. 피할 수 없으면 즐겨라, 하는
말은 즐길 수 없으면 피하라, 는 식으로 변주되었다.
누군가 정해놓은 명언처럼 살지 않는다고 해서 세상이
무너지지 않는다. 내 명언은 내가, 나의 삶이 만드는
거니까. 그러는 사이에 메콩 강은 변함없이 흘러왔구나.
달달한 연유 커피를 마시며 달달한 감상에 젖는다.
메콩 강 델타의 작은 도시 빈롱의 아침은 청각으로
시작해 모든 오감이 조화롭게 순환하는 시간이다.
다시 꽃 거리를 지나 숙소가 있는 꽃 골목으로

돌아간다. 베트남 사람들은 유난히 꽃을 좋아한다. 좋아하는 정도를 넘어서 열렬히 사랑하는 게 틀림없다. 동남아시아의 여러 나라 중 이토록 꽃을 찬양하는 나라는 본 적이 없다. 어느 지역을 가더라도 도시는 꽃들에 둘러싸여 있었다. 내가 베트남의 별명을 짓는다면 '꽃의 나라'라는 말을 빼놓지 않을 테다. 베트남에서 본디 꽃으로 유명한 도시는 달랏이다. 나에게 진정한 꽃의 도시는 단언하건대, 빈롱이다. 강변은 물론이고 눈길이 닿는 골목골목마다 어김없이 꽃가게들이 자리했다. 사람들은 꽃다발도 사고 화초도 사고 나무도 산다. 꽃을 앞에 두고 화를 낼 수는 없는 노릇인지, 사는 사람도 파는 사람도 싱글벙글 웃고 있다. 이런 동화 같은 동네가 다 있나.

나는 빈롱에서 오래된 동요가 떠오른다. '나의 살던 고향은 꽃 피는 산골, 복숭아꽃 살구꽃 아기 진달래, 울긋불긋 꽃 대궐 차린 동네, 그 속에서 놀던 때가 그립습니다.' 빈롱이 산골은 아니지만, 꽃 대궐이라는 데에 한 표, 아니 열 표를 주고 싶다.

완벽한 밥
한 끼

일부러 맛집에 찾아가지 않는다는 평소 신념을 바꾸는
사태가 벌어졌다.

강변 로컬 식당의 음식을 맛본 후였다. 극찬하는
후기가 하도 많길래 속는 셈 치고 가보았다. 베스트
메뉴는 일종의 '생선국'. 메콩 강 도시 빈롱에 어울리는
음식이었다. 강과 생선이라, 바늘과 실처럼 떼려야 뗄
수 없는 관계 아닌가. 제주도의 갈칫국 맛을 아는 나는
생선국에 거부감이 없었다. 과연 살이 두툼하고 담백한
생선 토막에 채소가 골고루 듬뿍 들어갔다. 국물이
비리기는커녕 깔끔 담백 그 자체. 고작 일 인분이
푸짐하기도 하여라. 그날 허리띠 풀어 놓고 먹었다.
빈롱의 맛집은 가볼 만하다는 믿음이 생겼다.

그래서 도전한 두 번째 맛집. 맛있다는 후기가 빽빽한
로컬 식당이었다. 특이한 붉은 색 국물의 쌀국수가
눈길을 끌었다. 오늘 저녁은 이거다, 나는 침을
발라났다. 저녁 무렵 거리는 벌써 깜깜했다. 빈롱은

여느 도시와 달리 밤길이 위험하지 않았다. 밤이
되어야 더욱 활기를 띤다. 자칭 타칭 길치인 내가 겁
없이 밤길을 찾았다. 핸드폰의 지도 앱이 가리키는
방향대로 가면 된다. 놀라운 기술의 발전은 지독한
길치도 치료했다. 어느 골목에 들어서자 갑자기 짜잔
하고 불빛을 환하게 밝힌 야시장이 나타났다. 방금
열렸는지 상인들이 물건을 꺼내어 진열하기 시작했다.
참새가 방앗간을 지나치는 심정으로 직진했다. 너무
배가 고팠고 맛집에 대한 기대치가 오를 대로 오른
상태였다. 골목길을 몇 개 더 돌아서 마침내 목적지에
도착. 걸어서 30분이 걸렸다. 생각보다 머네. 밥 한 끼
먹자고 공을 들이는 건 내 스타일이 아니었다. 그러나
식당 문 앞에서 나는 주저 없이 발길을 돌렸다.
제복을 입은 경비들이 지키는 입구에 화려한 조명이
번쩍거렸다. 택시마저 보기 드문 빈롱에서, 어디서
왔는지 모를 커다란 자동차가
연달아 들어갔다. 넓은
정원에 테이블이 그득했다.
안쪽 홀도 마찬가지일 터.
아마 특별한 날에 단체
손님이나 가족들, 친구들이
모이는 곳이리라. 나 혼자서
먹을 만한 메뉴도 없을 것이다.

노점 식당에서 먹은
한 끼

신발, 가방, 헬멧 등 생활용품을 파는 야시장

혹시 있다 한들 다른 손님이며
직원들의 눈길이 부담스러워 밥이
넘어가겠나. 홀로 여행자에게는
어울리지 않는 공간이었다.

작은 것을 작지 않게 여기는 마음

하아, 어디 가서 밥을 먹는다? 다른 식당들은 문을 닫은
시각인데. 낭패감을 안고 돌아서는 길, 저 멀리에서
동아줄이 내려왔다. 깜깜한 길가에 흐린 불빛이 새어
나오는 허름한 노점 하나. 청년 두 명이 작고 낮은 나무
의자에 앉아 밥을 먹는 중이었다. 접시 위에 담긴 건
밥, 오이와 토마토를 얇게 썬 것, 계란 프라이 하나,
구운 돼지고기 몇 점. 그리고 소박한 국. 갖출 건 다
갖추었다. 충분했다. 나도 의사를 끌어당기며 주문을
했다. 이럴 때 손가락만 있으면 된다. 그것도 오직
검지만. 검지를 딱 두 번 움직이면 끝이다. 한 번은 옆의
청년이 먹는 접시를 가리키고, 또 한 번은 그냥 위로
손가락을 쭉 편다. "저걸로, 하나!" 맛집이 아니어도
나의 믿음은 깨지지 않았다. 가격은 2만 동. 우리나라
돈으로 1,000원. 완벽한 한 끼다.

아까 거대한 식당 앞에서 지난달 내가 끌고 다녔던
여행 가방이 떠올랐다. 가방의 감당 못 할 무게와
식당의 감당 못 할 불편함이 서로 닮았다. 나에겐 아무

소용없었다. 사람들 틈에 끼어 앉을 작은 의자 하나면
족하다.

나란 사람은 참 쉬운 여행자다. 완벽한 밥 한 끼를
만나는 일이 어렵지 않아 다행이다. 섬세한 미식가가
아니어서 웬만한 음식은 맛있게 먹는다. 유명한 맛집을
지나쳐도 후회하지 않는다. 한식을 안 먹어도 아쉽지
않다. 대신 작지만 충분한 걸 받아들일 줄 안다. 기쁘게
누릴 줄도 안다. 작은 것에 만족할 줄 아는 것. 작은
것을 작지 않게 여기는 마음. 나는 나를 토닥였다.
이만하면 쉽지만, 괜찮은 여행자라고.

낮의 낭만과
밤의 낭만

기대하면 안 되는 것을 하나 고르시오. 에어컨이
나오는 카페.
동네에서 본 적이 없다. 내 발로 걸어 다닌 반경
안에서는 말이다. 반면 기대할 만한 것을 하나
고르시오. 강과 함께 흐르는 소소한 낭만. 시원한
강바람이 불어오는 카페에서 한낮에 마시는 커피 한
잔과 밤바람과 함께 들이키는 강변 노점의 맥주 한 캔.
에어컨 대신 얻는 것들이다.

빈롱 시장 구석에서 작은 다리를 찾아냈다. 강의
지류를 건너 반대편 마을로 가는 통로였다. 그 다리가
나를 불렀다. 여기는 또 어떤 동네일까. 강 저쪽 편과는
분위기가 달랐다. 훨씬 조용하고 허름했다. 강둑에는
색이 바랜 빨래들을 널어놓았다. 동네 사람 몇이 나를
쳐다본다. 호기심이 어린 눈빛도 아니고, 경계하는
눈빛도 아닌, 그저 의아한 눈빛이었다. 저 외국인이
여기까지 뭔 일로 왔을까, 하는. 강 저쪽이 숙소와

빈롱의 낮이 주는 낭만

현지인의 일상 풍경

식당이 많은 관광 구역, 즉 번화가. 이쪽은 구석진
변두리 구역이다.

아까부터 계속 걸었더니 목이 말랐다. 얼음을 가득
채운 커피 한 잔이 절실했다. 직진해봐야 카페는커녕
가게 비스므리한 것도 나타나지 않았다. 앞에 없으면
뒤에 있었을까? 발길을 돌려 내가 지나온 다리 근처로
가 보았다. 유레카, 자세히 보지 않으면 지나칠 법한
구멍가게를 발견했다. 동네 아저씨 두 명이 안쪽에
앉아 자잘한 얼음을 채운 커피를 마시는 중.
'오라, 커피를 파는 구멍가게로군.'이라고 했다가
'야호!'를 외쳤다. 가게 앞에 일종의 쉼터가 정원처럼
꾸며져 있었다. 잔디밭 위로 열대 나무들이 초록색
머리카락 같은 줄기를 갈래갈래 늘어뜨렸다.
결정적으로 강이 바라보이는 시원한 벤치까지,
야외카페 느낌이로군. 얼핏 보기에도 쉼터는 아담하고
예뻤다. 빈롱 시내의 여느 카페보다 마음에 쏙 들었다.
구멍가게는 기가 막힌 위치에 있을 뿐이었다. 그게
'열일'을 했다. 나는 소담한 정원 카페를 전세 낸
기분이었다. 갑부가 아니어도 카페 전세는 가능했다.
그늘진 벤치에 가방과 카메라를 내려놓고 커피를
주문했다. "카페 쓰어 다!" 아저씨는 커피핀을 들어
올려 보여 준다. 외국인이 주문한 걸 잘못 갖다 줄까
봐 확인하는 것 같았다. 잠시 후 나온 커피를 들이키고

또 한 번 '야호!'를 외쳤다. 너무 진하지도 너무 달지도 않게, 입맛에 딱 맞았다. 전세 낸 카페에 걸맞은 실력자 바리스타로군. 내가 진짜 갑부였다면 그를 베트남 커피 전용 바리스타로 채용했을 텐데. 나는 한참을 앉아서 일기를 썼다. 간간이 고개를 들어 흘러가는 강물을 바라보았다. 쉬지 않고 불어오는 강바람이 농도 진한 햇빛을 식혀주었다. 빈롱의 카페마다 에어컨을 달지 않는 이유는 군이 그럴 필요가 없기 때문이라는 걸 알았다. 이 멋진 카페의 커피값이 겨우 만 동이라는 데 세 번째 '야호!'가 터져 나왔다. 맛, 경치, 분위기, 친절도, 모든 항목이 별 세 개. 거기에 혼자 전세 내기도 가능한 이곳 커피가 단돈 500원이라니. 가심비까지 겸비한 낭만을 어찌 외면할 수 있을까.

베트남에서 여유로운 산책이 가능한 곳

빈롱에서는 택시를 탈 필요가 없었다. 그만큼 도시가 작다는 이야기다. 나는 정말로 택시를 한 번도 타지 않았다. 택시 자체가 별로 없는 것인지 지나다니는 택시를 본 거의 없었다. 그런 점은 어릴 적(40여 년 전)의 내 고향 충주와 같았다. 코딱지만 한 충주 시내에서 버스나 택시를 타는 사람은 적었다. 어른이고 아이고 할 것 없이 한두 시간 거리는 걸어 다녔다. 빈롱에서 택시는 물론이고 그 흔한 쎄옴(오토바이 택시)도 탈 일이

해가 지면 다른 낭만이 나타난다

빛과 어둠의 선명한 대비를 보여주는 야경
야시장의 별미는 역시 먹거리

없었다. 적어도 여행자가 갈 만한 곳들은 두 다리만
있으면 되었다. 오토바이가 난무하는 베트남, 드물게
빈롱에서는 여유로운 산책을 즐길 수 있었다.

강변의 낮과 밤은 조금 달랐다. 낮에는 화장기 없는
시골 처녀의 모습이었다가 해가 지면 또각또각
하이힐을 신은 아가씨로 변신한다. 강변의 정취를 흠뻑
느끼려면 밤이 되어야 한다. 사위가 어둑어둑해지면
낮 동안 숨어있던 도시의 흥이 되살아났다. 시민들은
오토바이 물결로 도로를 채우며 강변으로 몰려왔다.
낮의 강변을 꽃 노점들이 점령하고 밤의 강변은 꼬치와
맥주를 파는 노점들로 북적였다.

야경을 화려하게 밝힌 '빈롱 사이공 호텔' 앞이 '핫
플레이스'였다. 호텔 맞은편 강가는 맥주를 즐기는
사람들로 들어찼다. 나는 그 틈에 끼어 이름 모를
꼬치와 맥주 한 캔을 시켰다. 친구들끼리 모여 앉아
큰소리로 웃는 청년들, 둘이서 속삭이는 연인들, 나
같은 외국인 여행자들이 동등한 플라스틱 테이블에서
맥주를 마셨다. 어쩌면 맥주를 핑계 삼아 강바람을
마시는 거였는지도. 캄캄한 강물이 끊임없이 출렁이는
소리를 내었다. 주말 밤에는 호찌민의 부이비엔 거리를
본딴 야시장이 열렸다. 차도 오토바이도 금지, 길에는
먹을거리를 파는 노점과 그걸 즐기는 사람들뿐이다.
물론 부이비엔과 비교도 되지 않게 작고 한산했다.

빈롱의 낮과 밤은 적당히 붐비면서 적당히 조용했다.
홀로 여행자에게는 적당히 낭만적이지 아니한가.
나는 에어컨 대신 얻은 것들에 불만이 없었다. 강변의
소소한 낭만은 소박한 도시 빈롱에서만 가능한
것이니까.

안 빈에서
누리는
안빈낙도

빈롱에서 할 건, 딱 두 가지라고 가이드북이
말씀하셨다.
까이베 수상시장 투어와 안 빈 섬 홈스테이. 나는
착실한 모범생이 아니어서 '시내 어슬렁거리기'에 많은
시간을 보냈다. 어슬렁거리기 과목이 충분하다 싶었을
때 뒤늦게 가이드북 지침을 따르기로 했다.

메콩 강의 대표적인 볼거리는 수상시장 아닌가. 그리고
수상시장이라면 단연 메콩 강 최대도시 껀터의 까이랑
수상시장이 볼 만하다고 가이드북이 조언했다. 까이베
수상시장 역시 명색이 수상시장이므로, 몰려드는
보트에서 물건을 사고파는 광경을 보게 되리라
기대했다. 기대란 어긋나라고 있는 것인지, 물건을
파는 배라고는 겨우 한 대가 있었다. 나머지는 수공업
공장을 몇 군데 들르는 게 주요 일정이었다. 늦게 가서
애초에 시장이 파한 걸까, 과연 까이베 수상시장이라는

곳이 존재하기는 하는 걸까. 이건 수상시장 투어가
아니라 수공공장 투어라 해야 옳았다.

두 번째 미션은 '안 빈에서 홈스테이를 할 것.'
선착장에서 페리로 10분, 건너편 섬 안 빈에 도착한다.
그러나 가이드북이 믿을 게 못 된다는 걸 이미
경험했다. 나는 먼저 간을 보기로 했다. 한두 시간 안
빈 섬을 둘러보고 나서 선택하자. 이름하여 선 조사,
후 결정. 가벼운 손가방만 어깨에 걸치고 페리를 탔다.
선실이 따로 없는 널찍한 갑판 위를 오토바이 군단과
자전거 부대가 차지했다. 짐도 탈것도 없이 맨몸인
승객은 나 하나.

반대편 선착장에 내렸다. 코앞에 띠엔쩌우 사원이
보였다. 별거 없는 작은 절에 불과한데 '더듬이'가
흔들린다. 왠지 가야만 할 것 같았다. 페리를 타고
내리는 사람들로 번잡한 바깥과 달리 절 안은 딴
세상처럼 고요했다. 새소리가 들리는 마당에서 두
분의 부처님을 만났다. 한 분은 금빛 용이 올라탄
이층 기와의 정자 안에서 황금색 망토를 둘렀다.
절에서 흔히 볼 수 있는 엄숙하나 감흥은 없는 이 분이
정식(?) 부처님인 듯싶었다. 다른 한 분은 뭐랄까, 농담
같은 분위기였다. 정자 대신 바위로 둘러쌓은 곳에
앉았는데 모습이 그야말로 우스꽝스러웠다. 배는
불룩 튀어나왔고 적나라하게 벗은 웃통은 분.홍.색.

피부색이 아니라 진짜 '핑크' 말이다. 저렇게 촌스러운
부처님은 보다보다 처음이군. 그는 하늘을 향해 허허
웃었고 어깨와 가슴, 무릎에는 동자승들이 올라탔다.
설마 장난으로 갖다 놓은 동상인가? 앞에다 화병과
향로를 갖추어 놓았네. 그럼 장난은 아닌 모양이고.
예술적인 감각이라고는 하나도 없는데 왜 자꾸 눈길이
가는 걸까? 나도 모르게 바라보게 되었다. 어머, 나 저
부처님을 좋아하나 봐. 나는 개그맨 같은 부처님 앞에
오래도록 앉아있었다. 이상한 일이다. 어딘지 모르게
마음이 푸근해지는 것이 엄마가 끓여준 된장국을
마시는 느낌이었다. 나는 뜻하지 않은 곳에서, 뜻하지
않은 것으로부터 위로를 받았다.

강 위의 하루를 사랑했다

'선 조사'는 의외의 지점에서 흡족했다. 난 며칠
뒤 비로소 안 빈 섬으로 들어갔다. 내가 찾은 집은
섬 깊숙이 박혀 있는 퍽 괜찮은 홈스테이였다(진짜
홈스테이는 아니다. 현지인의 집처럼 꾸며 놓은 게스트하우스일 뿐.
안 빈의 모든 홈스테이가 마찬가지). 위치는 마을에서 외따로
떨어진 곳. 숙소 밖은 먼지 나는 시골길과 나무들,
띄엄띄엄 현지인의 집들이 자리했다. 자의 반 타의 반
숙소 안에서만 종일 시간을 보내야 한다. 나가려야
갈 데가 없다. 그것이 장점이자 단점이다. 콕 박혀서

휴식을 취하기에는 그만이고 그만큼 심심할 수도 있는 곳.

이 집은 천장과 벽을 시멘트로 탄탄하게 지었다. 기본적인 방음은 된단 소리다. 숙소 식당이 강 위에 떠 있다나 뭐라나, 거기서 보는 일몰 풍경이 일품이라나 뭐라나. 후기 평점은 10점에 가까웠다. 하지만 시골은 '수탉과 개들' 때문에 소음에 관한 한 장담할 수가 없다. 한밤중이고 새벽이고 대책 없이 울부짖는다. 나는 약간의 위험을 감수하고 섬에서 지내기로 했다.

소문대로 레스토랑은 강물 위에 나무로 지어 놓았다. 큰 배가 지나갈 때마다 강물이 파도처럼 울렁였다. 널빤지로 된 바닥도 조금씩 같이 흔들거렸다. 레스토랑 앞쪽은 선베드가 놓인 탁 트인 강이요, 뒤쪽은 푸르른 부레옥잠이 빽빽하게 떠 있었다. 두둥실 물결을 타는 부레옥잠은 초록색 융단 같았다. 폴짝 뛰어들어도 푹신푹신할 것 같은 착각이 든다. 나는 선베드에서 햇빛 대신 바람을 쐬었다. 선베드가 내게는 윈드 베드였다. 햇빛이야 그동안 차고 넘치게 쐬었음을, 새카맣게 그은 얼굴과 목이 증명하니까. 바람결에 꾸벅 졸다가 사이사이 사진을 정리했다. 저녁을 먹고 석양이 내려앉는 모습까지 보고 나서야 방으로 돌아갔다. 그만큼 강 위의 하루를 사랑했다고 고백하고 싶으나. 낮에는 도저히 방에 들어갈 수가 없었다. 직통으로

안 빈 섬의 홈스테이 숙소
식당에 놓인 선베드

강물 위 레스토랑의 일몰

들이치는 햇빛에 방이 달궈져서 오븐이 되거든.
들어갔다가는 한 덩이 빵이 되어 노릇노릇 구워질 게
뻔했다.

매일 붉디붉은 저녁노을을 바라보는 것, 내 여행의
로망 중 하나였다. 안 빈에서 4일을 지냈다. 그러나
로망은 로망일 뿐 실제로 발갛게 잘 익은 저녁노을을
보기는 힘들었다. 노을 대신 안개가 자욱하기도 했고,
그마저 없이 잔뜩 흐리기도 했고. 소박한 숙소에서
조용히 보내는 시간은 썩 평온했다. 이런 것을
두고 '안빈낙도'라 하던가. 아, 기어이 새벽 5시부터
울어재끼던 수탉은 안빈낙도의 방해꾼이었다. 낮에는
동네 개들이 나를 괴롭혔지만 밤새 짖지는 않아서
다행이었다지.

시크한 꼬마와
사나운 개념들
대처법

아무것도 안 하고 아무 생각도 안 하고 선베드(아니 윈드
베드)에 가만히 누워있는 것.
누군가는 이런 행위에 '휴양'이란 이름을 붙인다. 안
빈 섬에선 나도 어엿한 '휴양형 인간'이 되고자 했다.
그런데 그게 쉬운 일이 아닌 거라. 누워있는데 온갖
생각이 스쳐 지나간다. 껀터로 갈 때 슬리핑 버스를
타기는 싫은데. 로컬버스를 타고 갈까? 에어컨이
없어 고생 좀 하려나? 상념이 마음을 흔들면 몸까지
들썩거린다. 내 발이 자꾸 걷고 싶다고 보챈다. 산책이
하고 싶어지는 것이다. 산책 없는 휴양이란 내게
고무줄 늘어진 빤쓰였다.

섬에서 둘째 날 처음으로 산책을 시도했다. 아침을
먹고 9시 반쯤 길을 나섰다. 숙소 대문을 등지고
양쪽으로 난 길 중에서 오른쪽을 택했다. 도로가
깔리지 않은 흙길이 이어졌다. 길 바깥으로 실한

산책길에 본 열매와 꽃

노란색 열매가 주렁주렁
매달렸다. 과수원이다. 망고나
참외처럼 생겼지만, 둘 다
아닌 것 같았다. 섬에는
과수원이 많았다. 안 빈
섬으로 오가는 페리를 이용하는
사람들이 과수원의 일꾼들이라고
한다. 30분쯤 걸어가니 마을이

산책을 방해하는
동네 개

나왔다. 여기서부터 시멘트로 길을
포장해놓았다. 담요와 옷가지를 널어놓은 철조망
울타리, 녹색 차양을 드리운 마당. 집들은 행인의
눈길을 막는 담장이 없어 안이 훤히 보였다. 길 사이로
실개천 같은 수로들이 흘렀다. 수로를 가로지르는 작은
다리에는 주름진 여인이 자전거를 끌고 지나갔다. 나도
다리를 건너 다른 골목들까지 둘러보고 싶었다. 하지만
태양은 불타는 듯 이글거렸고 나는 땀범벅이 된 지
오래였다.

정작 내 산책을 가로막은 건 개들이었다. 마을에는
참말로 많은 개(님 혹은 놈)들이 살고 계셨던 것이다.
이분들은 이방인을 곧바로 알아보았다. 떼로 몰려
물듯이 짖어대는데 뚫고 지나갈 수가 있어야지.
아쉬운 마음으로 돌아와 숙소 직원에게 털어놓았다.
개들이 무서워 산책을 못 하겠다고. 허, 돌아오는 대답

260

좀 보시게나. 섬의 개들은 아주 순하다, 오토바이가
지나갈 때만 조금 짖을 뿐이다, 전혀 걱정하지 마라.
순하긴 개뿔! 거칠고 의기양양하게 잘도 짖어대거든!
옆집 아줌마가 "아유, 우리 개는 안 물어요." 하는 거랑
똑같네.

심심할 일은 없었던 산책

다음 날 두 번째 산책을 시도했다. 어제를 교훈 삼아
식전 7시에 대문을 나섰다. 왼쪽 길을 탐색할 차례였다.
강변을 끼고 도는 길이다. 우거진 나무 사이로 아침
그늘이 길게 늘어지고 강에서 선선한 바람이 불어왔다.
오른쪽 길보다 한결 나은걸. 뭐니 뭐니 해도 산책은
이른 아침이지. 시장에서 본 열대과일들이 실시간으로
나무에 열려 있었다. 쌀 나무에서 쌀이 열리지
않는다는 걸 처음 알게 된 도시 촌놈 같은 기분이
들었다. 듣던 대로 안 빈은 과수원의 섬이로구나.
곧이어 좁은 오솔길 양쪽으로 집들이 나타났다. 어느
집 흙 마당 안의 하얀색 제단이 눈에 띄었다. 노란 꽃
몇 송이를 꽂아놓은 화병과 흰 찻잔, 용과 하나, 그리고
연기가 피어오르는 향. 단출하나 정갈했다. 집주인은
새벽에 일어나 정성껏 제단을 차리고 가족의 안녕을
기원했을 터이다.
허술한 나무판자 울타리 옆에 서 있는 꼬마를 만난

잠시 베트남 집을 엿보다
작은 제단을 차려놓은 집

건 그다음이었다. 네댓 살쯤 되었을까, 막 잠에서
깬 듯 까치집을 얹은 머리에 몽롱한 눈동자. 그런데
나를 보고 방실방실 재잘거렸다. 어쩐 일인지 무척
즐거워 보였다. 자기 팔뚝보다 굵은 방망이로 뭔가를
가리키길래 나도 웃으며 쳐다보았는데 헉, 죽은 생쥐
한 마리가 널브러져 있었다. 하긴 이런 시골에서 죽은
쥐가 뭐 별거겠니. 어린 소녀 사냥꾼은 자기가 발견한
수확물을 자랑하고 싶었던 게다.

그러나 얼마 못 가 사냥꾼의
표정이 확 달라졌다. 내 입에서
알아들을 수 없는 말이
나온다는 걸 눈치챈 것이다.
경계하는 시크한 표정. '도대체
이 아줌마는 뭐야? 왜 우리말을
할 줄 모르지? 이상한 사람이다!'
세상에, 꼬마 말이 들리고 보였다.

동네의
시크한 꼬마

나 나쁜 사람 아닌데 그걸 어떻게
알려주나? 억울했지만 억울함을 풀 길이 없었다.
마지못해 물러 나올밖에.
시크한 꼬마에게 쫓겨 나오는 길에 다시 동네 개들과
마주쳤다. 하이고, 여전히 물어뜯을 듯이 짖어대는구나.
흥, 내 이럴 줄 알고 대비책을 마련했지. 어제는
당황해서 물러났다만, 오늘은 무기를 준비해왔다고.

나는 손에 들고 있던 막대기로 땅바닥을 서너 번
두드렸다. 예상대로 개들은 깨갱거리며 도망갔다.
동남아시아의 시골길을 산책하다가 종종 사나운
개들을 만나게 된다. 도시의 개들은 대부분 유순한데
시골 개들은 의외로 거칠다. 이럴 때 '막대기로
위협하는 척하기'는 효과적인 해결책이다. 아니면
'돌멩이를 집어던지는 척하는' 것도 방법인데 근처에
돌멩이가 없으면 헛일이다. 나에게는 막대기가 낫다.
미리 준비한 막대기만 흔들어도 금방 꼬리를 내리는
경우가 많았다.

개들이 설치는 데는 나름대로 이유가 있다. 내가 낯선
외국인인 데다 덩치가 작고, 여자이기 때문이다. 낯선
사람이라도 몸집이 크거나 성별이 남자라면 상황은
달라진다. 의무적으로 두어 번 짖다가 곧 그치고 만다.
숙소 직원이 말한 경우다. 요컨대 정글의 법칙이
작용한다. 상대가 강해 보이면 잽싸게 포기하고
상대가 약해 보이면 한껏 겁을 주는 것이다. 동물의
세계에서만 통하는 법칙이라면 차라리 다행일 텐데.
그것이 아니라는 게 문제. '졸렬한 인간들'도 같은
짓을 하더라. 하나만 기억해두자. 어떤 사람이 만약,
강자에게 약하고 약자에게 강하다면 시골 똥개와 같은
수준이라는 걸.

방해꾼들 때문에(또는 덕분에) 심심치 않은 산책이었다.
이제야 늘어진 고무줄을 짱짱하게 졸라맨 느낌이다.
더 이상 빤쓰는 흘러내리지 않으리, 엉? 나는 순수한
휴양형 인간이 되지 못할 팔자라네. 어슬렁거리는
산책형 인간에 속한다는 걸 다시금 확인했다. 단 나의
산책이 가져올 파급을 이때는 정녕 몰랐다.

최연소
작업남

그 애가 나타나기 전까지 나는, 부레옥잠 융단 옆에서
뭔가를 끄적이던 참이었다.
처음엔 무슨 상황인가 이해가 되지 않았다. 그는
누구며, 뭐 하는 사람인지, 왜 왔는지, 도대체 무슨 말을
하고 싶은 건지. 멍하다가 당혹해하다가 마지막으로
짜증이 치밀 때까지 오랜 시간이 걸리지 않았다.

"안녕하세요? 당신은 한국 사람인가요? 나는 당신과
대화를 하고 싶어요. 당신의 취미는 뭔가요? 뭘
좋아하나요? 직업이 뭐예요?"
느닷없는 질문 공세가 이어졌다. 갑자기 내 앞으로
사람이 툭 튀어나온 것만 해도 당황스러운데 맥락 없는
질문들은 뭐지? 나는 잠시 멍했다가 그를 쳐다보았다.
젊은 베트남 남자였다. 분명 숙소 안인데 저 사람은
어떻게 들어왔지?
"어…… 당신은 이 숙소 직원인가요? 아니면
손님인가요?"

정체를 의심스러워하는 나의 물음에 그는 빙긋 웃으며
대답했다.

"뭐 낮에는 손님일 수도 있고, 밤에는 직원일 수도 있죠.
하하하."

대답도 가관이었지만 그 말을 하는 얼굴이 더
가관이었다. 멋있어 보이려고 일부러 꾸미는 저
표정이란! 그렇게 말하면 자신이 엄청 멋져 보일
거라는 근거 없는 자만심이 흘러넘쳤다. 저건 흡사
중2병? 나는 느끼해서 토하고 싶은 심정이었다.

"어쨌든 잠깐만 이야기를 해도 될까요?"

거절할 핑계가 떠오르지 않아 망설이는 사이, 그는
옆의 의자에 앉았다. 나의 침묵을 긍정의 의미로
받아들인 모양이다. 어 하는 사이에 휘말렸다.

"한국 사람 맞죠? 혼자 여행하고 있나요?"

"네, 맞아요. 혼자서 베트남을 여행하는 중이에요."

"오, 대단한데요! 그런데 취미가 뭐예요?"

또 맥락 없는 질문으로 돌아왔다. 기승전 그리고
취미? 너는 내 취미가 왜 그렇게 궁금하니? 취미는
독서라고 해야 하나, 영화감상이라고 해야 하나.
속으로 구시렁거리며 그를 바라보았다. 펜팔을 입으로
하는 것 같기도 하고, 아무튼 오글거린다. 아직도
나는 그의 의도가 뭔지 헷갈렸다. 중·고등학생이나
할 만한 질문을 던지는 것이, 영어 회화를 연습하려고

최연소 작업남을 만난 숙소 식당

온 건가? '국내파 영어 전문가'란 수식어를 달고 있는
사람들의 흔한 에피소드가 생각났다. 지나가는 외국인
아무에게나 말을 걸어 영어 회화를 연습했다는 이야기
말이다. 내가 그만한 실력자는 못되는데, 번지수 잘못
짚었다. 그의 영어는 매우 유창했으나, 겉멋이 잔뜩 든
말투 때문에 드문드문 알아듣기 힘들었다.

"아, 그런 얘기는 재미가 없나 보군요? 그럼 다른
화제로 넘어갈까요? 제 친구는 스무 살인데 올해

결혼을 했거든요. 저는 남자가 일찍 결혼하는 게
좋다고 봐요. 당신은 어떻게 생각하세요?"
이때부터 확실히 이상하다는 생각이 들었다. 영어 회화
연습이 아니었어? 설마, 작업 거는 건가? 뜬금없이,
남의 숙소에 불쑥 들어와서, 저토록 촌스럽게? 그럴
리가. 그런데 70년대 영화에서나 보았던 느끼한
표정만큼은 제발, 어떻게 안 되나. 무턱대고 '결혼'이란
단어를 들먹거리는데도 나는 긴가민가했다.
"글쎄, 난 그게 별로 좋다고 생각하지는 않는데요."
"그래요? 저는 일찍 결혼하고 싶은데. 저는 열일곱
살이에요. 사람들은 제가 스무 살이 넘어 보인대요,
하하하. 그렇게 보여요?"

너 이러고 다니는 거 엄마는 아시니?

잠깐, 뭐? 열일곱이라고! 나는 소리를 꽥, 지를 뻔했다.
그리고 그 애의 등짝을 대차게 후려치고 싶었다.
엄마들 누구나 구사하는 일명 등짝 스매싱을. 숨어있던
꼰대 본성이 마구 터져 나왔다. '이런, 머리에 피도
안 마른 것이! 어디서 못된 것만 배워가지고! 허튼짓
말고 가서 공부나 열심히 해! 너 이러고 다니는 거
진정 네 엄마는 아시니?' 목구멍 밖으로 다다다 고함이
튀어나올 것 같았다. 나는 흩어지려는 이성을 간신히
그러모으고 엄한 표정으로 말했다.

"애야, 난 네 엄마보다 나이가 많을걸? 너 여기서 지금
뭐 하자는 거니?"
여전히 정신을 못 차리는 아이는 한층 기막힌 답을
내놓았다.
"괜찮아요. 난 결혼하는 데 나이는 상관없다고
생각해요. 우리 결혼에 대해서 더 많은 이야기를
나눠볼까요?"
아이는 눈가에 미소를 잔뜩 걸치고 능글거렸다. 나는
녀석의 정체를 규정했다. '중2병 중증으로 천지 분간 못
하는 어린애.' 이제야말로 아이를 쫓아낼 시점이었다.
도저히 참을 수가 없었다. 내 오른손은 등짝 스매싱을
날리기 직전이었으니까. 나는 단호하게 외쳤다.
"바쁘니까 그만 가거라!"
축객령이 떨어지자 쿨하게 대문을 나가는 소년.
'찔러보고 아니면 말고'의 전형적인 자세였다. 그나저나
이 동네에 사나 본데, 나를 어찌 알고 찾아왔을까?
그제야 스치는 생각. 아침 산책 때문이었어! 내가
산책하는 걸 보고 온 동네에 소문이 난 게야.
'홈스테이에 한국인 여자 손님이 왔는데~ 블라블라~
동네를 구석구석 걸어 다니더라~ 블라블라~'
섬사람들에게 여행자란 오직 두 부류였던 것이다.
안락한 숙소 안에서만 머무는 방콕족이거나 휙
달려가는 뒤꽁무니만 보여주는 오토바이족. 격의 없이

코앞에서 대화할 수 있는 대상은 아니었겠지. 골목길을 느릿느릿 기웃거리는 나의 산책이 이곳에서는 별난 모습이었나 보다.

하지만 열일곱 살짜리 작업남이라니! 여행 인생 '최연소 작업남'을 만났다. 지금까지 베트남을 여행하면서 처음 겪는 일이었다. 10대라면 아이돌 가수에게 관심을 보일 나이가 아닌가. 외려 대부분의 성인 남자는 정중하고 예의 발랐다. 간혹 의도를 가진 몇몇이 매우 조심스럽게 다가와 묻는 일은 있었다. 한국에 가서 일하고 싶은데 다리를 놓아줄 수 있겠냐고. 미안하지만 그럴 능력이 없다고 대답하면 눈에 띄게 실망하며 사라졌다. 여자 여행자를 꼬여내 한몫 잡겠다는 꿈을, 어른이 된 남자는 꾸지 않는다. 어차피 이루어질 수 없는 개꿈이라는 걸 잘 알기 때문이겠지.

빈롱이라는 작은 도시, 그 안에 있는 작디작은 섬 안 빈. 따분한 시골의 소년에게 멀리 있는 아이돌보다 동네에 있는 외국인 여행자가 흥미로운 대상이었을까. 나는 소년을 쫓아내는 대신 이런 짓을 하지 말라고 설득했어야 했을까. 그런다고 내 말을 새겨들었을지는 장담할 수 없지만. 나는 화내느라 미처 해주지 못한 말들이 목에 걸렸다. 그런 작업질로는 결코 너의

인생이 나아질 리 없다고. 어설픈 작업질을 연마하느니
의미 있는 다른 능력을 연마하라고. 너의 넘치는
호기심과 영어 실력을 그따위에 허비하지 말라고.
소중하고 찬란한 젊음을 못된 어른들 흉내 내는 데
낭비하지 말라고. 그랬다면 역시 꼰대의 설교였을까.

빈롱 즐기기

도시가 작아 걸어 다니기 좋다. 꽃이 만발한 강변을 따라 산책하다가
강바람이 불어오는 카페에서 '카페 쓰어 다'를 마신다. 밤에는 시원한 강변
노점에서 맥주를 마시자. 까이베 수상시장 투어는 크게 기대하지 말 것. 그냥
보트 타고 강에서 시간을 보내는 정도로 만족하면 된다. 딱히 할 것은 없지만
여유롭게 늘어지기 적당한 곳.

안 빈 즐기기

선착장에서 페리를 타고 10분이면 도착한다. 섬 안에는 수로에 의해
얽힌 길들이 이어진다. 홈스테이는 이름만 홈스테이일 뿐 실제로는 일반
게스트하우스다. 선착장 부근은 가라오케 소리로 시끄럽고 안으로 깊이
들어가야 고요한 전원풍경을 만날 수 있다. 좁은 골목에서 오토바이가
갑자기 튀어나오기 때문에 자전거로 둘러보는 건 권하지 않는다.

생전 처음
호텔 라이프

껀터

저기,
바가지 쓰셨어요!

'여행자 물가'라는 게 있다.
소위 선진국이라 불리는 나라에서도 비켜 갈 수 없는
항목이다. 세계 어디에나 횡행하는 암묵적인 관행으로,
여행객이라면 같은 내국인에게도 비싼 값을 받는다.
하물며 물정 모르는 외국인에게는 오죽하랴. 배낭 메고
다니던 시절부터 바가지에 안테나를 바짝 세우던 내가
유독 베트남에서는 긴장이 풀어졌다.

"지금 버스비를 너무 많이 내셨어요."
뒤에서 누군가 안타깝게 소곤거렸다. 이런, 그전까지
나는 이 버스 여행을 즐기고 있었다. 껀터로 가는
로컬버스는 상상외로 재밌는 구석이 넘쳤거든. 우선
정해진 정거장이 따로 없었다. 사람들이 '서 있는'
곳이나 '서 있을' 만한 곳에 버스가 정차한다. 그러면
차장이 내려서 탈 사람들이 있는지 살펴본다. 그러니까
차장은 차비를 받는 일뿐 아니라 손님을 낚는 일까지
겸하는 것이었다. 사람 없이 부치는 짐을 관리하는

것도 차장의 일이다. 우리나라로 치면 일종의 택배
서비스. 차장이란 갖가지 일을 동시에 해내야 하는
자리였다.

또한 버스에 제단을 차려 놓았다. 운전석 앞의 창가에
놓인 작은 부처상과 꽃, 망고는 분명 제단이었다.
신심도 놀랍거니와 아이디어가 기발했다. 백미러
아래 달랑거리는 부처님이나 묵주는 흔했다. 이렇게
정식으로 제단까지 만들어 놓은 건
처음 보았다. 부처님의 가호 아래
사고는 절대 일어나지 않겠군.
그러나 즐거움은 와장창
깨져버렸다. 뒤에 앉은 앳된
아가씨가 미안한 표정으로
말했다. "차장이 당신 짐 값을
지나치게 받아갔어요." 어쩐지,
아까 내 가방을 가리키며 돈을
요구하는 게 미심쩍더라. 작은

껀터 행 로컬버스
안에서

가방에 따로 짐 값을 내라는 것이 이상하긴 했다(지난
여행 때 24인치 가방에 질려서 이번에는 21인치 기내용 가방을 들고
왔다). 예전 같으면 진즉 따지고 들었을 텐데. 처음 타본
로컬버스에 푹 빠져서 버스비의 의혹일랑 흘려버렸다.
자못 방심했거나 작은 바가지에 무감해졌거나. 나는
뒷자리 그녀를 내 옆으로 불렀다.

"내가 더 낸 돈을 돌려달라고 하면 그녀가 화낼까요?"

"글쎄요, 아마도? 제 생각에 돌려받기는 힘들 거
같아요."

여러 가지 일을 담당하는 차장의 역할에는 외국인에게
터무니없는 웃돈을 받아내는 것도 포함되어 있었다.
아들과 함께 탄자니아를 여행할 때 같은 일을 겪었다.
버스회사 직원에게 속아 버스비를 두 배나 낸 것이다.
도시 간 장거리 버스였기에 금액이 적지 않았다. 나는
직원과 대판 싸워서 결국 버스비 전체를 되찾았다.
껀터 가는 차비가 저렴해서 그렇지, 안 주어도 되었을
짐 값까지 이번에도 두 배를 뜯겼다. 차장, 그녀는
억척스러운 멀티 플레이어답게 인상이 험악했다.
성질깨나 있어 보이는데 한판 붙어, 말아? 싸움의
승부는 생각보다 빨리 판가름 났다. 차장도 나도 아닌
위대한 귀차니즘의 승리. 에구, 귀찮다.
나는 차장과 싸우기를 포기하고 동족의 만행을 알려준
아가씨와 대화하는 쪽을 선택했다. 가는 길도 심심하지
않고 이 편이 낫지. 호찌민에서 왔다는 대학생의
나이는 방년 18세. 뽀얀 맨 얼굴에 솜털이 보송했다.
지금 뗏 홀리데이(설날 방학)를 맞아 껀터 근처의
고향으로 돌아가는 길이다. 그녀는 아직도 사춘기인
양 부모님에 대한 불만을 쏟아내었다. 부모님이 오직
공부, 공부만 강요한단다. 그건 한국이 더할 거라고

했더니 고개를 흔들며 강조했다. "아니에요. 베트남
부모들이 세상에서 제일 공부에 목매는 사람들일
거예요!" 베트남도 자녀교육 열풍이 대단한 것 같았다.
그러는 와중에 그녀는 꼼꼼히 베트남 말을 알려주었다.
내가 또 바가지를 쓸까 봐 염려하면서 "얼마인가요?
너무 비싸요"라는 말을 적어 건넸다. 껀터는 독특한
음식이 많으니 꼭 먹어보라고 당부했다. 고맙기도 하지.
사랑스럽기도 하고.

난 내어준 웃돈을 이 친구와 만난 값으로 퉁 치기로
했다. 바가지를 쓰지 않았다면 그녀와 함께한 시간도
없었을 테지. 생존 베트남어를 하나 더 배울 기회도,
껀터만의 독특한 음식을 알아내지도 못했을 거고. 돈은
잃었지만 다른 것을 얻었다. '여행자 물가'를 대하는
자세에 대하여 딱 부러지게 단정하긴 힘들다. 억울한
마음에 어떻게든 돌려받기도 하지만, 포기한다고
해서 손해를 보는 것만도 아니다. 어느 쪽이든 선택은
자신의 몫.

소심한
호텔 라이프 보고서

여행자는 누구나 '좋은 숙소'를 원한다.
단 '좋은'이 함유하는 의미는 저마다 다를 것이다.
누군가에게 '좋은=비싸고 화려한'일 수 있겠다. 나에게
'좋은'이란 '조용하고 저렴한'을 뜻한다. 그 외에
'덥거나 춥지 않은, 현지인이 운영하는 소규모의, 다른
여행자들을 만날 수 있는' 등이 '좋은'의 나머지 부분을
차지한다. 첫 번째가 충족되면 다른 것들은 상황에
따라 적절히 타협한다.

그러나 특이하게 나는 3일을 '빈펄 껀터'에서 보냈다.
뼛속 깊이 배낭여행자인 내가 5성급 호텔에 묵다니,
평소라면 어림없는 일이다. 여행 막바지, 쌓인 피로를
최적의 환경에서 풀고 싶었다, 이건 변명이고. 하루
숙박비가 6만 원밖에 되지 않았다. 위치도 마음에
들었다. 호텔은 바싹 강(Bassac River)이 휘어지는
가장자리에 서 있었다. 시끌벅적한 여행자 거리와
멀리 떨어진 지역이다. 이 정도면 '조용하고 저렴한'을

좋은 숙소의 기준은 저마다 다르다

충족시키는 지극히 매력적인 조건이었다. 5성급
호텔이면서 나에게 '좋은 숙소'가 되는 건 아마 껀터가
세계에서 유일한 도시가 아닐까. 우리나라 모텔비
정도에 5성급 호텔을 누릴 수 있다면, 사치를 부려봄
직하지 않은가. 나도 한 번 호화롭게 호텔 라이프를
즐겨 보리라, 야무지게 마음을 먹었다. 이른바
'삼일천하 프로젝트' 시작!

커다란 방에 짐을 풀고 나니 이래서 사람들이 비싼
호텔에 가나보다 싶었다. 일단 호텔의 시설을 알차게
이용해야지. 말로만 듣던 루프탑 수영장이 있었다.
알다시피 난 수영을 못한다. 수영복도 챙겨오지 않았다.
루프탑 수영장 있어 봐야 물 건너갔네요. 아무튼
선남선녀가 모인다는 물 좋은 수영장을 구경이나
해보려고 올라갔다. 수영장에 물도 없고 사람도 없네?
하필 공사 중이란다. 그렇다면 호텔 내 스파에서
우아하게 마사지를 받아볼까? 가격을 확인하고
손이 조금 떨렸다. 내 마음을 눈치챘는지 마사지를
안 해주더라고. 예약을 안 해서 자리가 없단다. 다음
날도 예약이 다 찼단다. 잘된 일인지 잘못된 일인지
헷갈렸다. 손님 노릇을 하기가 만만치 않은걸.
나는 호텔을 나와 동네를 먼저 돌아보기로 했다.
가볍게 호텔 근처만 빙 둘러 걸었다. 거리는 깨끗하고
고급스러운 상점들이 모여 있었다. 전체적으로

한산하고 부티가 났다. 남부의 최대도시라는 말이
허명은 아니었나 보다. 멀리 있는 것이 더 잘 보이는
나에게 눈에 팍 들어오는 간판, 'YULY'라니! "어머,
저긴 꼭 가야 해!" 소리쳤다. 'Yuly'란 단어에 흥분했던
건, 내 영어 이름이 바로 'Yuly'이기 때문. 여행지에서
나는 'Yuly'가 된다. 한국 이름은 외국인이 기억하기
어려워서 간단한 영어 이름을 사용한다. '소율'의 '율'을
따와 '율리'라고 지었다(외국에서는 보통 남자 이름으로
쓰인단다). 내 이름과 같은 카페를 만났으니 오랜 친구를
만난 것처럼 반가웠다. '카페 쓰어 다'를 주문하면서
연유를 약간만 넣어달라고 했는데, 엉뚱하게 연유를
몽땅 뺀 커피가 나왔다. 직원의 기분을 배려하는
차원에서 굳이 지적하지는 않았다.

산책 후 방으로 올라와 땀을 씻었다. 온도가 정확하게
조절되는 샤워기가 얼마 만인지. 물기 없는 몸으로
힘을 쭉 빼고 침대 시트에 누웠다. 초저녁에 잠이 올
리 없었다. 전에 누군가 그러더라고. 눈을 감고 누워만
있어도 반쯤은 자는 효과가 있다고. 절반의 수면효과를
실험하다가 8시가 되었다. 자칫하면 저녁밥을
놓치겠다. 다시 우아한 손님 모드로 돌아갈 차례였다.
호텔 식당에 들어가 메뉴를 펼쳤다. 요리 하나에 몇만
원?! 이거야말로 돈이 아까워서 패스. 다행히 식당은
하나가 더 있었다. 8시면 로컬 식당은 진작에 장사를

끝낸다. 밤에 숙소 밖으로 나가지 않고 뭔가를 먹을 수
있다는 건, 해보니 알겠다. 참 편리하단 걸. 그런데 큐브
스테이크가 겨우 6천 원? 눈을 비비고 다시 봐도 12만
동(6천 원) 맞다. 사실 저렴한 메뉴는 그거 하나였다.
나같이 엉성한 손님을 위한 메뉴를 단 하나만 만들어
놓았군.

다음 날 아침에 나는 여행자 거리(하이바쫑 거리)를
찾아갔다. 핸드폰의 지도가 말했다. '강변을 따라
이리저리 3km쯤 걸어가시오.' 그 끝에 여행자
거리가 나온다. 크고 작은 숙소와 식당, 카페, 까이랑
수상시장으로 출발하는 보트 선착장, 주말 야시장과
상설시장까지, 여행자를 위한 모든 시설이 몰려 있는
곳이다. 소란함이야 당연히 딸려오는 부록이겠지.
그런데 웬일일까. 아침의 하이바쫑 거리는 거짓말처럼
차분했다. 지나다니는 사람들조차 몇 없었다. 모르긴
몰라도 밤이 되어야 활기차게 변하지 않을까.
이 거리 저 거리를 구경하며 쉬엄쉬엄 호텔로
돌아왔다. 왕복 4시간을 걸었다. 지독하게 목이 말랐다.
1층에 있는 '카페 겸 바'로 직행했다. 와우, '생맥주(!)'가
있네. 타이거 생맥주다. 한 잔 시원하게 들이켰다.
직원이 무료로 견과류를 내주었다. 내친김에 한 잔 더!
에어컨이 펑펑 나오는 실내에 앉아 창밖을 내다보며
생맥주를 마시는 기분이란. 다시 우아 버전으로 돌아온

건가. 음, 정말이지 괜찮은데?

하루는 느지막이 일어나 해 질 녘까지 방 안에서
쉬었다. 심심하지 않았냐고? 전혀. 쌓인 사진들을
정리하고 밀린 일기를 쓰느라 몇 시간. 그 밖에
호찌민으로 떠날 준비 몇 가지. 정작 일만 했냐고? 실은
비스듬히 누워 창밖을 감상하는 것이 중요한 일과였다.
저렴한 시티뷰 방을 얻었는데 기대하지 않았던
리버뷰까지 동시에 볼 수 있어서, 운이 좋았다. 호텔
앞을 웅장하게 흐르는 바싹 강과 번화한 껀터 시내의
모습이 한눈에 보였다. 방의 사면 중 한 면 전체가
유리창으로 만들어졌다. 풍경을 바라보기엔 완벽한
조건이다. 뉘엿뉘엿 해가 떨어지고 있었다. 1월의
일몰은 생각보다 이른 시간에 시작되었다. '침대에
엎드려 해 지는 모습을 처음부터 끝까지 천천히
바라보는 것.' 내 생각에는 그것이 호텔에서 누리는
최대의 사치였다. 낮 동안 에너지를 충전한 나는 밤이
되자 하이바쫑 거리로 나갔다. 예상대로 여행자 거리는
밤이 되어야 반짝거린다. 어딘가 숨어있던 사람들이
쏟아져 나왔고 도시의 야경은 화려했다.

'삼일천하 프로젝트'는 우아 버전과 배낭여행자
버전을 냉·온탕처럼 오갔다. 핏속에 흐르는 배낭여행
유전자를 무시할 수 없었던 게지. 수시로 '하이고,

비싸기도 하지!' 속엣말이 튀어나왔다. 고기도 먹어본 놈이 먹는다고, 호사도 부려본 놈이 부리는 건가. 참, 1층 카페에서 애프터 눈 티를 맛보지 못 한 건 지금도 아쉽다. 가격과 상관없이 단순히 깜빡한 거였다. 야심 찬 사치 프로젝트는 절반의 성공인지 절반의 실패인지 모를 경험이 되었다.

이상, 배낭여행자의 소심한 호텔 라이프 보고서였습니다.

진짜
수상시장

드디어 그날이 되었다.

껀터에 온 본래 목적을 이루는 날. 베트남 남부의
메콩 강 델타 지역 중 내가 머물기로 한 곳은
빈롱이었다. 아담한 소도시였고 홈스테이를 할 수 있는
안 빈 섬이 관심을 끌었다. 한 가지만 제외하면 내가
껀터로 올 일은 없었을 것이다. 빈롱의 수상시장은 영
시원찮았다. 내가 본 건 사실 수상시장이라고 부를
수도 없었다. 여기까지 와서 제대로 된 수상시장을 못
보고 돌아가는 건 억울했다.

이랬으면 껀터에 오자마자 수상시장에 갈 일이지.
아이러니하게 껀터를 떠나는 날에야 소망을 이루었다.
계획에 없던 5성급 호텔 놀이를 즐기느라 그랬다는 건
비밀도 아니다. 여행이란 계획대로 되는 게 아니거든.
여행자의 마음이란 바람 앞의 갈대와 다를 바 없거든.
며칠 동안 느긋하게 껀터 시내를 돌아다니고 호텔에서
약간의 호사를 누린 뒤, 마지막 날 새벽에 까이랑

수상시장으로 향했다. 원래 주인공은 맨 마지막에
등장하는 법이다.

호텔로 데리러 온 차를 타고 선착장으로 갔다. 머리가
희끗한 독일인 부부와 다른 유럽인 두어명, 베트남
아가씨 한 명이 같은 팀이다. 아직 한밤중처럼 깜깜한
그곳에 까이랑 수상시장으로 떠나는 보트가 즐비했다.
우리가 보트에 올라탔을 때, 강을 가로지르는 다리
위로 노란색 가로등만이 빛났다. 강 위에 떠 있는
주유소에서 기름을 채우고 보트는 냅다 달렸다. 청년
가이드는 까이랑 수상시장에 대해 손님들이 질문하면
친절하고 세심하게 답변해주었다. 짬짬이 옆에 앉은
나에게 한국에 관해 묻는 걸 잊지 않았다. 베트남에서
투어 가이드들이 한국인인 나에게 관심을 쏟는 건
그동안 하도 겪은 일이라 이젠 놀랍지도 않았다.
무언가를 설명할 때는 성실한 가이드의 얼굴이었다가
중간중간 한국을 궁금해하는 호기심 많은 젊은이의
얼굴로 바뀌는 게 나는 흥미로웠다. 본의 아니게
공적인 표정과 사적인 표정을 동시에 목격하는 사람이
되었다.

까이랑 수상시장에 가까워질 무렵 하늘은 서서히
어둠에서 벗어났다. 아직 어스름이 남아있는 강물
위로 물건을 가득 실은 배들이 나타났다. 수상
시장의 한복판에 도착한 것이다. 어느 방향에서 해가

뜨는지도 모르게 날이 밝자 주위의 배들이 선명하게 보였다. 수박, 파인애플 같은 과일이나 양파, 당근, 감자 같은 채소를 잔뜩 실은 배들 사이로 작은 쪽배가 몰려들었다. 쪽배들은 큰 배에서 물건을 사기도 하고 그들 역시 물건을 팔기도 했다. 남자들은 저쪽 배에서 이쪽 배로 양배추 따위를 던져 날랐다. 여자들은 어김없이 화려한 꽃무늬 셔츠나 바지를 입었다(꽃무늬여, 영원하라).

우리처럼 투어를 나온 배들과 장사하는 배들이 엉키면 출근 시간의 병목현상과 비슷한 풍경이 펼쳐졌다. 한 치의 틈도 없이 꽉 메운 공간이 되었는데 그럴 때마다 보트의 운전사들은 묘기처럼 배를 몰아 빠져나오곤 했다. 물론 접촉사고는 한 건도 일어나지 않았다. 여행자들은 배가 엉킬 때는 하하하 웃다가 빠져나올 때는 일제히 감탄했다. 나는 그 광경이 하나의 상징처럼 느껴졌다. '현지인의 삶을 방해하지 말고 살짝 끼어들었다가 빠져나오라.' 그런 게 여행자의 본분 아닌가. 손님이 주인이 되고 현지인은 들러리가 되는 여행지를 만나면 나는 여지없이 속이 불편했다. 외지인에게 볼거리를 제공하기 위해 현지인의 삶이 내쳐진 곳들을 발견할 때는 더없이 씁쓸했다. '지금 여기'를 살아가는 그들의 '진짜 삶'에 아무 관심이 없다면 관광에 불과할 뿐, 여행은 아닐 것이다.

껀터의 까이랑 수상시장 풍경

명실공히 이곳은 '진짜 수상
시장'이었다.
우리 배는 장사하는 배들을
가로막지 않으면서 요령 좋게
사이사이를 누볐다. 가이드는
손님들이 충분히 시장을 구경하고

수상시장 상인

사진 찍기를 기다렸다. 그런 다음
파인애플을 파는 배로 옮겨타게 했다. 중간 이벤트
시간이다. 우리는 축축한 지붕에 앉아 노랗게 깎아주는
파인애플을 하나씩 받아먹었다. 쌀쌀한 새벽바람에
차가운 과일이 반갑지 않았다. 다음 행선지에서
쌀국수를 먹을 수 있다니 아쉬움을 달랬다.
배는 수상시장을 벗어나 어디론가 달렸다. 이윽고 폭이
좁은 수로로 들어갔는데, 수로 양쪽에 녹슨 양철집들이
늘어섰다. 강바닥 진흙에 각목이나 시멘트로 얇은
받침대를 세워 그 위에 대충 집을 지어 놓았다.
양철 상자에 가까운 집에는 빨래와 가재도구들이
가지런했다. 도시의 마른 땅 한 자락을 얻지 못한
사람들은 강물이 닿을 듯한 집에서 사는 것이었다.
그마저도 차지하지 못하면 배가 곧 집이 되었다. 물 위
배에서만 살아가는 사람들은 미얀마 인레 호수에도
캄보디아 톤레삽 호수에도 베트남 껀터와 빈롱에도
있었다. 동남아시아 여러 나라를 거쳐 흐르는 광대한

메콩 강은, 없는 자들의 터전이다.

수로 한쪽에 배를 대고 뭍으로 올라갔다. 나는 속을
덥혀줄 쌀국수 국물이 간절했다. 해가 뜨기 전에 나와
찬바람 부는 강 위에서 몇 시간을 보냈다. 우리는 춥고
배고팠다. 나무들이 울창한 골목을 걸어 도착한 곳은,
쌀국수 면발을 만드는 공장이었다. 아 실망스러웠다.
투어에는 여지없이 수공업 공장 방문이 포함되었다.
그러나 낙심하기에는 일렀다. 빈롱의 까이베 수상시장
투어에서 거친 쌀국수 공장과는 차원이 달랐다. 이곳은
소규모에다 손님이 우리뿐이어서 모든 과정을 제대로
지켜볼 수 있었다.

커다란 아궁이 위에 솥 두 개를 올려놓고 흰 천을
매 놓았다. 그 모습이 큰 북처럼 생겼다. 꽃무늬
블라우스를 입은 여자가 쌀가루 반죽 물을 한 국자
떠서 얇디얇게 편다. 뚜껑을 덮어 반죽이 익으면
이때부터 남자의 오묘한 기술이 펼쳐진다. 그는
얼기설기 엮어 구멍이 숭숭 뚫린 나무 방망이를
들고서 때가 되면 뚜껑을 연다. 그리고는 익은 반죽의
끝부분부터 살살 말아 들어 올린다. 접착제라도 바른
듯 둥근 종이 같은 반죽이 방망이에 척 달라붙어 있다.
그것을 살며시 저쪽 채반 위에 옮겨 놓는다. 반죽이
얼추 마르면 채반째 날라 뒷마당에서 재차 완전히
말린다. 이 작업은 아들로 보이는 청년의 몫이다.

방망이에 반죽을 말아 붙이고 채반에 평평하게
내려놓는 데는 세심한 기술이 필요해 보였다. 잘못하면
반죽이 구겨져 쭈글쭈글해진다. 남자는 우리더러
해보라고 방망이를 내밀었다. 과연 할 수 있을까
싶었는데 괜찮았다. 옆에서 그가 방망이를 잡고
도와주니 멀쩡하게 잘되었다. 한 사람씩 방망이 체험을
하고 마른 면을 기계에 넣어 줄줄이 뽑아도 보고.
기다리던 쌀국수를 먹는 시간이 되었다. 그런데 이건?
이름도 희한한 'Noodle soup pizza?' 잘 익은 면도
없고 뜨끈한 국물도 없다. 마른 쌀국수 면을 튀겨서
땅콩과 허브를 넣은 바삭바삭한 쌀국수 과자였다. '이게
아침밥이라니, 받아들일 수 없다!'

어쨌든 나의 까이랑 수상시장 투어는 끝이 났다.
나머지 손님들은 다른 일정을 계속한단다. 가이드의
친구라는 동그란 얼굴의 아가씨가 나를 데려다주었다.
껀터 선착장으로 돌아온 나는 그녀를 꼬드겼다,
쌀국수나 한 그릇 같이 먹자고. 때마침 선착장 앞에는
문을 연 노점 식당이 허다했다. 그녀와 함께 고대하던
쌀국수를 먹고 나니 모든 것이 완전해졌다. 더할 나위
없는 마무리였어, 나는 작게 웃었다.

나의
아오자이

🐌

나는 돈보다 시간이 많은 여행자였다. 진실로 그것을
다행이라 여겼다. 가령 여행의 신이 돈과 시간을
양손에 들고 얄밉게 하나만 고르라면, 주저 없이
시간을 움켜쥘 터였다. 돈이 부족할 땐 대신할 방법을
여럿 알지만, 시간이 부족하다면 대책이 없었다. 욕심
같아서야 둘 다 낚아채고 싶지. 허나 사는 일이 그리
만만하던가. 만약 두 개를 모두 주는 자비로운 신이
나타난다면 당장 열렬한 신도가 될 텐데.

시간이 많은 내가 낯선 도시에서 할 수 있는 일은 열
손가락을 채우고 남았다. 건들건들 설렁설렁 산책하기,
그러다 골목길을 헤매기. 호감을 보이는 현지인들과
수다 떨기, 그러다 나란히 웃으며 셀카 찍기. 모퉁이
카페에서 커피를 홀짝이며 사람들 구경하기, 그러다
긴 일기 쓰기. 마음에 드는 가게들을 천천히 구경하기,
그러다 미처 챙겨오지 못한 옷 사기…….
내 여행의 즐거움 중 하나가 현지에서 파는 옷을

사 입는 일이다. 배낭족 시절에는 팬티 한 장을 더
넣을까 말까로 고민하곤 했다. 눈썹 한 올의 무게라도
부담스럽다는 배낭여행자의 숙명이었다. 지금이야
어깨가 부실해 캐리어 족이 되었다. 짐을 가볍게
싸는 습관은 여전하다. 도리어 지나쳐서 문제랄까.
여행지에서 가방을 열어보면 늘 입을 옷이 부족하다.
그럼 나는 자신을 5초쯤 원망하다가 옷을 사러
나간다. 현지에서 입을 옷은 현지에서 조달하기. 이때
필요한 건 돈보다 '시간'이다. 짧고도 빽빽한 일정에서
한가하게 옷을 사러 다닐 여유 따위가 있을 리가. 내
헐렁한 일정에는 이 옷 저 옷 고를 시간이 넉넉했다.
그렇게 산 옷들은 여행 중엔 유용한 실용품이자
한국으로 돌아오면 특별한 기념품이 되었다.
아오자이를 맞추는 것, 다낭에서 내가 계획한 일정은
오직 하나였다. 어려운 일은 아니었다. 누구라도 다음과
같은 순서를 따르면 된다.

1. 다낭 시내의 한 시장(Han market)을 찾아간다.
2. 이층으로 올라간다. 아오자이를 걸어놓은
옷가게들을 두어 바퀴 둘러본다. 무심한 척 걸으면서
마음에 드는 원단을 점찍는 게 중요하다. 처음부터
대놓고 관심을 보이다간 주인에게 꽉 붙들리니까.
3. 비교적 순한 얼굴의 주인장과 마음에 둔 원단을

종합적으로 판단하여 결정한다.

4. 가격 흥정에 들어간다.

5. 재단사에게 치수를 재고 원단을 맡긴다.

6. 다음 날 완성된 아오자이를 받는다(또는 찾아온다).

나는 4번까지 순탄하게 도달했다(고 믿었다). 주인장
아주머니가 브레이크를 걸기 전까지는.
그녀는 내가 고른 원단을 제치고 다른 원단을
들이밀었다. 디자인은 같으나 색깔이 달랐다. 내 건
진한 분홍색에 자잘한 꽃무늬가 들어갔고 주인장이
권한 건 오렌지 색이다. "Younger, younger!" 즉
오렌지 색이 젊어 보인다는 말씀. 실랑이가 벌어졌다.
난 진분홍이 좋다, 주인장은 오렌지가 낫다. 나를
생각해주는 건 고마운데 내 취향은 이쪽이거든요.
결국, 내가 졌다. 전문가의 의견을 믿어보기로 했다.
그녀는 탁월한 선택이라는 듯이 엄지를 치켜들었다.
'어울리지만 않아봐라, 확 물러 버릴 테다(내일이면
다낭을 떠나는데 뭘 물러).' 주인은 다시 한번 "Younger!"를
강조하며 나를 가게 뒤쪽으로 데려갔다. 손님이 산
원단으로 아오자이를 만드는 작업실이었다. 5번이
이루어지는 곳이다. 설레는 마음으로 6번에 이르렀다.
마침내 옷을 갈아입고 거울을 보았다. 이전보다
'Young' 해졌는지는 잘 모르겠다. 이리저리 자세히

화려한 패턴을 가진 현대식 아오자이

살펴보고 내린 결론. 아오자이는 예뻤다. 하지만 오렌지
색 아오자이를 입은 나는 촌스러웠다. 아아, 진분홍을
골랐어야 했어! 어설픈 전문가보다 나 자신을 믿었어야
했다. 다음에는 기필코 마음에 드는 아오자이를
구하겠다고 결심했다.
두 번째 기회는 껀터에서 찾아왔다. 시내를 산책하다가
아오자이 전문점을 발견한 것이다. 개성 만점의
아오자이가 걸린 걸 보고 밖에서부터 홀렸다.

기성복 아오자이만 파는 옷가게였다. 다낭에서 맞춘
아오자이가 비교적 전통적인 데 비해 여기는 다양하고
현대적인 디자인으로 가득했다. 나는 꼼꼼하게
여러 개를 입어보았다. 가녀린 베트남 처녀 옆에,
흩날리는 꽃잎이 새겨진 하늘하늘한 아오자이는 마치
드레스와도 같았다. 오 고혹적이다! 하지만 찢어질 듯
얇아서 소화할 자신이 없었다. 아름다우나 입고 다닐
수는 없겠구나. 저걸 사면 방 안에만 모셔둘 확률이
높았다. 나는 새빨간 바탕에 베트남 처녀의 얼굴이
흰색과 검은색으로 그려진 아오자이를 골랐다. 베트남
분위기가 물씬 풍기면서 세련되었다. 나에겐 빨간색이
잘 어울렸다.

그러나 여행 중에 아오자이를 입지 못했다. 까닭은
단순했다. 더워서. 햇빛으로 달구어진 도시에서 긴
팔의 아오자이를 입을 엄두가 나지 않았다(베트남
여자들은 더위를 타지 않는 모양인지 아무렇지 않게 입고
다녔지만). 엉뚱하게 나는 여행에서 돌아와 한국에서
이 옷들을 입었다. 설마 아오자이를 입고 광화문
네거리를 돌아다녔냐고? 뱃살이라면 몰라도
배짱이 그렇게 두둑하지는 않다. 내가 운영하는
'강소율여행연구소'에서 모임을 하는 날, 멋스럽게
아오자이를 차려입었다. 베트남 여행 이야기를
풀어놓는 자리였다. 이보다 안성맞춤인 드레스

코드가 있을까. 두 벌의 아오자이를, 두 번의 모임에, 번갈아 입었다. 확실히 사 오길 잘했다. 모임에 참석한 사람들은 여행 이야기는 물론이고 특히 나의 아오자이에 설득된 것 같았다. 다들 베트남에 간다면 꼭 아오자이를 사 와야겠다고 입을 모았다.

두 벌의 아오자이는 이제 옷장에 걸려있다. 나는 아오자이를 가져왔지만 거기에는 베트남에서 보낸 시간도 함께 묻어왔을 것이다. 감탄하고 웃었던, 당황하고 화냈던, 감사하고 기뻐했던, 걱정하고 불안했던, 모든 시간이. 가끔 아오자이를 꺼내 보기만 해도 그 시절이 딸려 나올 것이다. 어쩌다 아오자이를 입어보기만 해도 나는 그 시절로 돌아갈 것이다. 아오자이는 내게 옷이 아니라, 타임머신이다.

지극히 사적인 도시
껀터

5성급 호텔 '빈펄 껀터'에서 묵기

하이바쫑 거리(여행자 거리)의 대형 호텔들은 손님도 많고 소란스럽다.
번화가에서 떨어진 빈펄 껀터는 조용하고 안전한 구역에 위치한다.
비수기에는 6만원대에 넓은 더블룸을 얻을 수 있다. 바싹 강과 껀터 시내를
바라보는 전망이 멋지다. 호텔에서 진행하는 여러 가지 투어도 재미있고
알차다. 저렴하게 고급 호텔을 누릴 수 있는 드문 기회.

껀터 즐기기

껀터에서 꼭 해야 할 일 1순위는 까이랑 수상시장 투어. 해뜨기 전 새벽에
출발한다. 밥과 반찬을 파는 껌빈전과 시장 쌀국수는 반드시 먹어보자.
껀터만의 독특한 맛을 즐길 수 있다. 아침에는 도시 구석구석이 시장으로
돌변한다. 점심시간 이후에 많은 시장들이 일제히 사라지므로 일찍 일어나
활기찬 시장을 구경해보자. 상설 껀터 시장은 의외로 초라하고 볼 것이 없다.
밤에는 여행자 거리에 있는 대형 호텔들과 다리의 야경이 화려하다. 야시장
노점의 숯불구이 치킨과 맥주도 강추.

EPILOGUE

여행을
꿈꿀 시간

같은 나라를 두 번 가지 않는다는 철칙이 없는데도
같은 나라를 두 번 이상 가는 일은 흔치 않았다. 그러나
베트남만큼은 달랐다. 2015년, 2018년에 이어 2019년
1월에도 베트남을 다녀왔다. 그해 한창 원고를 쓰는
동안, 아부지가 하늘나라에 가셨다. 짧은 투병 끝에
여든여섯 해를 사셨다. 당신 손에 새 책을 쥐여드리고
싶었는데 끝내 기다리지 못하셨다.
 대신 아부지는 여러 개의 선물을 남겼다. 평소
데면데면하던 오 남매가 근 1년간 아부지를 돌보며
살가워졌다. 번갈아 간호하며, 밤을 지새우며, 장례를
치르며, 얼굴을 맞대고 이야기를 나누었다. 그
시간이 바로 자식들에게 주는 선물이었다. 아부지는
자린고비였다. 배운 거 없이 성실함 하나로 천 원을
아끼며 사셨다. 그렇게 모은 '천 원들'로 혼자되신
엄마가 자식들 손을 빌리지 않게 해놓았다. 남들에겐
별것 아닐지 몰라도, 평생 당신이 몸으로 일구어낸
최선이었다. 엄마에게 남긴 마지막 선물이다.

아부지를 보내드리고 11월, 네 번째로 베트남에 갔다.
특별히 언니와 함께했다. 가장으로서 맏딸로서 항상
애를 쓰는 언니에게 오롯한 휴식을 선사하고 싶었다.
본문에서 언급한 '결혼휴식 여행'의 예고편쯤이랄까.
달랏에서 고스란히 일주일을 보냈다. 파란 하늘 아래
손에 잡힐 듯 흘러가는 구름과 절대 실망시키는 법이
없는 맛난 쌀국수와 골목골목 성실하게 살아가는
사람들을 마주치며, 우리는 웃었다. 달랏에서 언니와
나는 떠올렸다. 평생을 굽이굽이 걸어서 마침내
고향으로 돌아가신 아부지를. 그 옹고집과 성실함과
우직함을. 그리고 사랑을. 한바탕 여행을 마친 당신은
그곳에서 웃고 계실까. 아마도 그럴 테지.
 2020년 1월 나는 또다시 베트남을 찾아갔다.
이쯤 되면 베트남에 한해서 매년 간다는 철칙이
생길 판이다. 다행인지 불행인지 다녀오자마자 전
세계적으로 코로나 팬데믹이 시작되었다. 설마
전염병이 닥칠 줄은 꿈에도 몰랐다. 설마 여행을 못
하는 날이 올 줄은 상상도 못 했다. 여행작가가 여행을
할 수 없다는 것은 즉, 사는 게 재미없다는 뜻이었다.
한없이 바닥을 파고 내려가던 마음을 간신히 붙잡고
버티었다.
 2021년 막바지 12월, 코로나를 핑계 삼아 나에게
'결혼휴식년'을 허락하기로 했다. 언니에게 선물했던

것과는 조금 다른 버전이다. 1년 동안 여행과 일상을 동시에 경험하는 것. 여행을 못 하는 시절이 오히려 용기를 북돋웠다. 막연히 꿈꾸었던 제주 일 년 살이의 시작. 섬의 동쪽 구좌읍 행원리에 덥석 집을 얻었다. 생전 처음 시골에서 불편한 안락함을 누리고 있다. 먼저 제주의 거친 겨울바람에 혼쭐이 났다. 초보 제주도민을 달래듯 살며시 봄이 다가왔다. 바람 없는 햇빛을 즐길 만하니 어느새 장마철. 곧이어 한여름. 나는 부지런히 곶자왈과 오름과 숲길을 걸었다. 오일장을 기다렸다가 반찬이며 채소며 바지와 모자를 샀다.

 세상에, 끝나지 않을 것만 같았던 팬데믹이 지나가고 있었다. 오래 묵혔던 베트남 이야기를 마침내 보따리 풀 듯 차곡차곡 풀어내었다. 멀리서 기차가 달려오는 것처럼 아득했던 여행이 금세 뚜렷해졌다. 다시 여행을 꿈꿀 시간이다. 이제 베트남의 소도시들을 탐독해도 괜찮지 않을까. 이 책이 코로나로 지쳤던 독자들의 마음을 달래고 발걸음을 끌어주는 손짓이 되었으면 좋겠다.